Bischoff-Luithlen
Der Schwabe und sein Häs

Angelika Bischoff-Luithlen

Der Schwabe und sein Häs

Konrad Theiss Verlag

Redaktion: Karl-Heinz Rueß, Werner Ströbele

CIP-Kurztitelaufnahme der Deutschen Bibliothek

Bischoff-Luithlen, Angelika:
Der Schwabe und sein Häs / Angelika Bischoff-Luithlen. – Stuttgart: Theiss, 1982.
ISBN 3-8062-0309-1

Schutzumschlag: Michael Kasack, Frankfurt

ISBN 3 8062 0309 1
Gesamtherstellung: Ebner Ulm
Printed in Germany

Vorwort

In diesem Buch geht es um die Kleidung der Bewohner einer bestimmten Landschaft für die Zeit des 16. bis 19. Jahrhunderts. Gleichwohl stehen nicht nur ihre einzelnen Bestandteile im Blickpunkt, sondern auch die dörfliche Welt mit ihrer vorwiegend bäuerlichen Bevölkerung.
Die Kleidung wurde in Beziehung gesetzt zu den Leuten, zur Obrigkeit, zu den Umständen der Wirtschaft und der Arbeit, der Politik und der Religion, bis hin zu den Lieferanten der Stoffe und Materialien, den Hausierern und Landkrämern. Als Grundlage ihrer Bestandsaufnahme dienten Angelika Bischoff-Luithlen die in den Gemeindearchiven aufbewahrten Besitzinventare. Diese wurden in den württembergischen Realteilungsgebieten bei der Heirat oder beim Tod einer Person angelegt, um ihr ganzes Hab und Gut für den Fall der Erbverteilung festzuhalten.
Die langjährige Tätigkeit als Archivpflegerin in verschiedenen Albgemeinden hatte Angelika Bischoff-Luithlen nicht nur mit den Quellen vertraut, sondern darüber hinaus überhaupt zu einer profunden Kennerin des bäuerlichen Alltags gemacht. Mitberücksichtigt werden aber auch – auf den ersten Blick – so ungewöhnliche Quellengattungen wie in Zeitungen veröffentlichte polizeiliche Steckbriefe oder Diebstahlsanzeigen, deren wichtigste Aufgabe es ja ist, eine möglichst genaue Personen- und Gegenstandsbeschreibung zu liefern.
Manchem heimatkundlich Interessierten mag diese aufwendige Recherche als Umweg vorkommen, wenn er sich

vergegenwärtigt, daß fast jedes Heimatmuseum über eine Trachtensammlung verfügt und zahlreiche Gruppen im Lande sich die Trachtenpflege zur Aufgabe gemacht haben. Spätestens mit der Lektüre werden sich solche Einwände als unberechtigt herausstellen: Der Leser wird mit Kleidungsstücken bekannt gemacht, von denen heute niemand mehr etwas ahnt und die in das gängige Trachtenbild nur schwerlich passen. So kommt uns heute der Schleier, der im 16. und 17. Jahrhundert die gebräuchliche Kopfbedeckung der Frau war, oder die bis ins 18. Jahrhundert verbreitete Haube mit Gesichtsflor eher orientalisch vor, und wir würden nicht vermuten, daß beide einmal auf der Alb zu Hause waren. Zudem wird ein Landstrich ins Auge gefaßt, der in den zahlreichen Trachtenbüchern kaum Erwähnung findet. Diese beschäftigen sich vornehmlich mit »malerischen« Trachten, die nur in bestimmten, meist begüterteren Gegenden vorkommen wie dem Steinlachtal oder dem Betzinger Gebiet. Kaum bekannt ist, daß es tatsächlich auch die im 19. Jahrhundert beliebten Landschaftsmaler waren, die sie in zahlreichen Variationen fürs gemütliche Wohnzimmer ins Bild brachten und so zu ihrer Popularität – allerdings aber auch zu ihrer stilisierten und folklorisierten Ausgestaltung verhalfen. Dem kritischen Zeitgenossen konnte nicht verborgen bleiben, daß diese romantische Sicht nicht dem wirklichen Erscheinungsbild der Landbewohner entsprach. Schon 1793 drängte sich dem durch Schwaben reisenden Göttinger Professor Christoph Meiners der Eindruck auf, daß »sich die Trachten des Landvolks in Kupfern besser als in der Natur ausnehmen«. Ganz im Gegensatz dazu werden heute noch vielfach solche Bildnisse als authentische Zeugnisse für *die* Kleidung *der* Bauern betrachtet.
Überhaupt scheinen über das, was man gemeinhin unter Tracht versteht, recht seltsame Vorstellungen zu herr-

schen. Sie ist nicht so alt, wie ihr meist unterschoben wird: Weder haben sie schon die alten Germanen getragen, noch hat der Stil Jahrhunderte überdauert. Was man angeblich für bäuerliche Volkstracht ausgibt, ist nur gewissermaßen eine Mode unter anderen: die barocke. In der bäuerlichen Welt war sie jedoch nur sehr kurze Zeit von Bedeutung. Angelika Bischoff-Luithlen macht dabei auf das paradoxe Verhältnis aufmerksam, daß gerade dieser ausgeprägt höfisch-absolutistische Stil zur »Bauerntracht« avancierte. Dadurch, daß sie die Geschichte der bäuerlichen Kleidung zum Thema macht, wirkt sie der Illusion von Tracht als einem vorgeblich zeitlosen Kontinuum entgegen. Es wird gezeigt, wie neue Stoffe, Materialien, Herstellungs- und Vertriebsweisen, aber auch Moden – die meisten vom Hofe ausgehend – den bäuerlichen Kleidungsstil verändern, auch wenn das Tempo des Wechsels nicht mit den heutigen Verhältnissen vergleichbar ist.
Angelika Bischoff-Luithlen warnt vor einer Verklärung vergangener ländlicher Lebensweise. Gerade in der feudalistischen Epoche war die Kleidung ein »amtliches« Standesabzeichen, von wirtschaftlichen und beruflichen Verhältnissen, von Glaubensbekenntnissen, die sich darin spiegeln, ganz zu schweigen. Wie man sich anziehen wollte, war nicht zu jeder Zeit »Privatsache«, sondern bis ins 18. Jahrhundert durch obrigkeitliche Regelungen, den sogenannten Kleiderordnungen, jedem Stand zugewiesen. Und angesichts der Enge der dörflichen Lebenswelt und der damit verbundenen gegenseitigen sozialen Kontrolle, aber auch wegen der überragenden Bedeutung des Besitzes an Grund und Boden für die soziale Stellung, war jeder Versuch, mit einer bestimmten Kleidung seine soziale Position zu erhöhen, vergeblich. Erst mit der Erlangung größerer persönlicher Freiheiten, wachsender Anonymität und der zentralen Rolle des Arbeitslohnes

kann die Sentenz »Kleider machen Leute« Sinn gewinnen. Hinweise auf politische, soziale und wirtschaftliche Abhängigkeiten der Bauern lassen eine nach rückwärts projizierte ländliche Idylle, als deren wichtigstes Aushängeschild meist die heimelige Tracht fungiert, erst gar nicht aufkommen. Die Feststellung von Unterschieden zwischen den einzelnen Dorfbewohnern, zwischen Werktag und Sonntag, überhaupt die Berücksichtigung von starren Ordnungen und Regeln, zu deren Einhaltung auch die Kleidung mit ihren Erkennungs- und Kontrollfunktionen beitrug, macht da skeptisch. Hätte es eine historische Vorstellung von bäuerlicher Tracht gegeben – so Angelika Bischoff-Luithlens einfaches wie schlagendes Argument –, dann wäre sie in den Kleiderordnungen beschrieben worden. Schließlich gehört das Wort »Tracht« nicht einmal zum Sprachgebrauch des Bauern. Darauf hat Angelika Bischoff-Luithlen schon in anderem Zusammenhang hingewiesen: »Er kennt eine ›Tracht‹ Prügel, eine ›Tracht‹ Reisig oder Holzscheiter im konkreten Sinn von etwas Getragenem, aber er weiß nichts von einer derartigen Bezeichnung für die Kleidung.« Die nannte er schlicht und einfach Häs. Der Begriff Tracht dagegen stammt eindeutig von »oben«. In den Inventurlisten findet sich auch keine bäuerliche »Uniform«. Soweit das Wort Tracht im Buch verwendet wird, meint es ganz unpathetisch die übliche Kleidung einer Bevölkerungsgruppe.
Das Buch ist keine wissenschaftliche Arbeit, es soll ein Lesebuch sein mit Aufgelesenem, aber auch Auserlesenem. Dabei kann vieles nur angedeutet werden, was einer genauen Untersuchung bedürfte. So wird aus den Inventuren allein nicht deutlich, was alles in den Kleidern steckt: was schamlos und was ehrbar war beispielsweise. An einigen Stellen fließen Überlegungen über das Verhältnis zum eigenen Körper ein, was zivilisationsgeschichtlich

von Bedeutung ist. Die Einführung des Hosenträgers etwa verhilft dem Mann zu einer bequemeren Trageweise seiner Beinkleider, während gleichzeitig das neue Schnürmieder die Brust der Frau bis zur Gesundheitsschädigung einzwängt. Es wäre lohnend, in diesen Bereichen über Fragen des Gebrauchs und des Umgangs mit Kleidern weiterzuforschen. Die Herausbildung der Geschlechtsbetonungen in der Kleidung, der Umgang mit den Scham- und Peinlichkeitsschwellen sowie die Entwicklung der Befindlichkeit und Körperlichkeit wären Richtungsanzeiger für eine künftige Forschung, die nicht nur bunte Bänder und filigrane Falten zählt oder Knöpfe nach Regionen unterscheidet.
Wie fühlte man sich in den neuen Baumwollstoffen im Vergleich zu dem harten Leinen? Was heißt das, wenn man seine Kleider kaum wechseln konnte? Die Tatsache, daß Unterwäsche in den Kleiderlisten noch während des ganzen 19. Jahrhunderts zu den Ausnahmeerscheinungen gehörte, macht vielleicht am besten deutlich, wie direkt die Kleidung unser Selbstempfinden und Hygienevorstellungen prägt und zum Ausdruck davon wird.
Doch müßten auch unsere Erkenntnisse über das Verhältnis von bäuerlicher Wirtschaft und Tracht weitergeführt werden: Wie vielleicht der wirtschaftliche Aufschwung durch die Einführung der Dreifelderwirtschaft das Aufblühen der bäuerlichen Kleidung beeinflußte, wie das Verhältnis Stadt – Land das Selbstbewußtsein des Bauern herausforderte oder wie im Zuge der Industrialisierung die alte Mode abgelegt wurde, wer zuerst und warum die neuen Sachen anschaffte.
Zuletzt noch eine Anmerkung zur Entstehung des Buches. Kurz vor Fertigstellung der Druckvorlage ist Angelika Bischoff-Luithlen gestorben. Im Auftrag des Verlags haben wir die redaktionelle Bearbeitung ihres Manu-

skripts übernommen und die noch nicht endgültig geordneten Einzelkapitel in eine sinnvolle Abfolge gebracht. An wenigen Stellen wurde die Vorlage gestrafft und abgerundet, im übrigen aber als ihr Werk mit ihren Erkenntnissen und Überlegungen belassen. Ferner haben wir unter den gesammelten Abbildungen eine Auswahl getroffen und in ein paar Fällen ergänzt. Dabei konnten nicht immer entsprechende Belege für die in den Kleiderlisten erwähnten Stücke gefunden werden. Aus dem untersuchten Zeitraum sind auch kaum bäuerliche Kleider mehr erhalten. Sie wurden in der Regel abgetragen, zerschlissen und verbraucht. Wo sie sich erhalten haben, ist das schon fast verdächtig.

Karl-Heinz Rueß
Werner Ströbele

Inhalt

Mit Federkiel und Tinte: Kleidung in alten Zeiten

Inventurakten und ihre Schreiber

Kommt man in eine ländliche Gemeinde und will das dortige Archiv ordnen, so findet man sich bald auf der Rathausbühne oder in einer Bodenkammer wieder, wo ein riesiger Stapel altersgrauen Papiers aufgeschichtet ist. Bücher, Aktenbündel und lose Blätter liegen kreuz und quer, durch- und übereinander, zerrissen, verstaubt und von Mäusen zernagt. Selten hat bei dem heute so hektischen Verwaltungsbetrieb noch jemand aus dem Hause Zeit, sich um diese alten Rechnungen und Protokolle zu kümmern, die man seit Jahrhunderten und Jahrzehnten hier ablegt, weil sie nicht mehr zur laufenden Rechnung gehören. Sie gelten oftmals als »alter Kruscht«, den man anstandshalber noch aufbewahren muß und den die jungen Angestellten, die nur noch die lateinische Schreibschrift gelernt haben, gar nicht mehr lesen können. Denn bis zum Anfang des 20. Jahrhunderts, als man sich auf den Dörfern Schreibmaschinen beschaffte, sind die amtlichen Einträge von Hand in deutscher Schreibschrift auf weißes Kanzleipapier geschrieben, das – je älter, je mehr – von pergamentartiger Beschaffenheit ist und eindrucksvolle Wasserzeichen trägt. Einzelne Aktenbündel mit wichtigem Inhalt wurden später meist zu dicken Büchern zusammengebunden, deren massive Lederrücken und deren buntes marmoriertes Kleisterpapier schon eine gewisse Wertbeständigkeit signalisieren.

Man könnte diese Papierhaufen langweilig finden: Sie erschließen sich auch schwer, es ist mühsam, in sie einzudringen, sie »erzählen« ja nichts. »Chroniken«, also fortlaufende Schilderungen der Dorfereignisse, finden sich fast nirgends. Es handelt sich vorwiegend um Rechnungsbücher und -akten; der Rest sind Protokolle. Diese Quellen muß man einzeln aufschlüsseln und die Details wie in einem Puzzlespiel zu einem Gesamtbild zusammenfügen. Dann ist es auch in hohem Maße spannend, von Schicksalen zu erfahren: wie eine Handvoll Menschen, einsam in ihrer Landschaft, schlecht und recht gelebt und sich mit den oft so unvermittelten Regierungsideen ihrer Fürsten herumgeschlagen hat.
Um die erste Beziehung herzustellen, sucht sich der einigermaßen Kundige die Inventur- und Teilungsakten heraus, in denen bei jeder Heirat das gesamte Beibringen bzw. bei jedem Todesfall die Hinterlassenschaft festgehalten wurde. Sie sind mit die »persönlichsten« Lebenszeugnisse, die man in Gemeindearchiven finden kann. Die Schilderungen des Sterbens und Freiens, der Geburten, Unglücksfälle und Krankheiten in der Ausdrucksweise der jeweiligen Zeit machen das graue Papier schnell lebendig. Vor allem erfahren wir etwas über Familiennamen, soziale Verhältnisse und Berufe, die Grundstücke mit den örtlichen Flurnamen, über das Bargeld und die Bücher, den Hausrat und den Viehbestand, die Möbel, die Bettwäsche – und eben die Kleider.
Alles ist sauber untereinander aufgereiht, nichts wurde ausgelassen. Es gab natürlich – wir berichten von Württemberg – ein festes Schema für dies alles, das die Schreiber erlernt hatten und das dem heutigen Leser das Zurechtfinden erleichtert. Die Schrift ist nicht immer leicht lesbar, es gibt schlechte und verblichene Tinte, die Akten sind feucht, versport und von Würmern zerfressen.

Manche Schreiber hatten eine »Klaue« und geben dem heutigen Leser einige Rätsel auf, besonders die Anfänger unter ihnen. Sie schickte man aber nicht bei großen Inventuren reicher Bauern- oder Wirtsfamilien; da kam meist einer angereist, der »wie gestochen« schreiben konnte. Solche Akten sucht man sich gern heraus, um Lesefehler zu vermeiden und vergleichen zu können. Nach und nach gewöhnt man sich auch an die schlechtgeschriebenen so sehr, daß man über die Person des Schreibers nachzudenken beginnt; gern würde man einen Graphologen befragen, um auch psychologisch in das Wesen des Schreibers einzudringen. Aber vorerst bleibt der Schreiber nur der Vermittler.

Indessen müssen wir uns von der Sache her fragen, was für Leute das waren. Waren sie geeignet, die ihnen angegebenen Fakten richtig wiederzugeben? Waren es Württemberger, Schwaben mit einem Ohr für die Mundart? Oder waren sie Städter, gebildete Leute, denen die ländliche Sprache und ihre Ausdrücke fremd waren? Ist also das, was wir hier über Kleider erfahren, wirklich das, was am Ort getragen wurde?

Aufschluß gibt uns der Ausbildungsgang der Schreiber. Das Landrecht von 1610 legt fest, daß die Schreiber in württembergischen Diensten »gottesfürchtig, ehrbar, fromm, erfahren und verständig«, dem Gericht angelobt sein und den Amtseid geschworen haben müssen. Außerdem mußten sie ehelich geboren, von »züchtigem« Lebenswandel sein und der »reinen Augspurgischen Confession« angehören, dann die »gerichtlichen Prozeß, Conträcte, Testamente und Successionen, auch Rechnungen verstehen« können und »ettlichermaßen des Lateins bericht seyn«. Sie mußten Landordnung und Landrecht kennen oder mindestens gelesen haben und »von Unserer Cantzley examiniert und fürnehmlich Landeskinder seyn«. Damit wissen wir einiges für unsere Zwecke: es sollten Landeskinder sein. Dazu muß man wissen, daß die württembergischen Schreiber eine Sonderform mittlerer Beamter waren, denen ein Jurastudium nicht vorgeschrieben war. Sie gewannen ihre Kenntnisse auf handwerkliche Art mittels einer Lehre und wurden so »Praktiker«, die viel Gutes, aber auch manches Üble anrichteten. Von anderen Ländern, z. B. Preußen und Sachsen, die längst Volljuristen für diese Tätigkeit voraussetzten, wurden sie etwas belächelt. Württemberg hatte eben auch hier seine eigenen »Mödele«, man mußte sich vom Skribenten über den Substituten zum Stadt- oder Amtsschreiber hochdienen, und den Tübinger Jurastudenten, die sich in der Hauptsache mit dem römischen Recht befaßten, war diese Bauernpraxis ein bißchen zu wenig. Erst gegen Ende des 18. Jahrhunderts bewarben auch sie sich um solche Posten und bekleideten sie etwas mürrisch, was manchmal zwischen den Zeilen zu lesen ist.

Unserem historischen Interesse ist der Praktiker im nachhinein sehr dienlich, weil er von Jugend auf gelernt hatte, mit dem »gemeynen Volk« umzugehen. Sein nicht immer perfektes Latein stört uns nicht, seine »Zeilenschinderei« begrüßen wir sogar, ebenso seine Genauigkeit, die ihm die Realteilung vorschrieb. Auch für diese württembergische Form der Erbteilung müssen wir dankbar sein, denn sie allein bewirkt, daß jeder Strumpf und jeder Hemdärmel aufgeschrieben wurden – eine ergiebige Quelle für die Trachtenforschung.

In Ländern mit anderen Erbfolgesystemen gibt es Inventurakten entweder gar nicht oder wesentlich ungenauer geführt; die Ulmer Inventuren, die wir einsehen konnten, bestätigen das. In den Ulmer Dörfern herrschte das Anerbenrecht, das nicht alle Erben gleichermaßen, sondern nur den Ältesten oder den Jüngsten bevorzugt bedachte; infol-

gedessen mußte nicht jeder Fingerhut protokolliert werden. Die Ulmer Inventuren, die wir anführen, wurden von Württemberger Schreibern angefertigt, wenn ins Ländle eingeheiratet wurde.
So können wir eigentlich mit dem württembergischen »Schreiberey-Institut« ganz zufrieden sein. Es gibt uns einige Garantien, daß die Angaben, die wir brauchen, richtig sind. Daß Anfänger einige Schreibfehler hinterlassen, stört uns nicht; im Gegenteil, das »Bodag'fährtle« würzt die trockenen Aufschriebe und macht sie manchmal unfreiwillig lustig. Die bürokratischen und übertriebenen Floskeln der Barockzeit samt den französischen und lateinischen Einsprengseln heben sich wunderbar davon ab; man weiß ja, daß Kontraste solcher Art in der Literatur geradezu ein Kunstmittel sind, mit dem trockener Stoff mundgerecht gemacht wird. Gleich unter einer hochtönenden Präambel vom Ewigen Leben, in das »die Defuncta« – wie zu hoffen steht – »nun eingegangen sei«, stehen das »Weiberhemmed« und die »mittelmäsigen Lederhosen« – es ließe sich leicht eine Sammlung von Schmunzelstellen zusammenfügen. Aus dieser Sicht ist es fast bedauerlich, daß am Ende des 18. Jahrhunderts gelegentlich Volljuristen diese Funktion übernehmen und kurz, sachlich und allzu korrekt arbeiten. Gern taten sie es nicht und auch nur vereinzelt. Welcher Akademiker schreibt schon gern die Strümpfe und Leibchen der Bauern auf?
Abschließend sei noch kurz geschildert, wie ein Verlassenschafts- oder Beibringens-Inventarium zustande kam. Ein Todesfall mußte dem Schultheißen gemeldet werden, danach schritt dieser mit dem Waisenrichter oder einem anderen Gemeinderat zur »Obsignation«; er versiegelte die Habe im Haus des Verstorbenen, die so lange nicht benutzt werden durfte, bis die Teilung abgeschlossen war.

Man findet heute oft noch an alten Kleiderschränken solche Siegelspuren in der Nähe des Schlosses. Aber auch ganze Räume wurden versperrt und versiegelt; ausgenommen aus der Fahrnis wurden nur solche Dinge, die zur Bewirtschaftung des Hofes dringend notwendig waren; sie wurden aber vorher notiert.
Dann wurde aus der Amtsstadt der Schreiber bestellt, der nach einer geziemlichen Wartezeit ins Dorf einrückte, je nach Alter zu Pferd oder mit der Kutsche, und im Gasthaus Quartier nahm. Der Schultheiß hatte inzwischen die Tinte angesetzt und die Gänsefedern geschnitten.
Auf der Ratsstube wurde die Inventur geschrieben, nachdem der Schreiber zuvor im Trauerhaus die Hinterlassenschaft notiert und die Siegel wieder gelöst hatte. Bei Heiraten wurde ähnlich verfahren: Der Schreiber kam ins Haus und nahm die Einrichtungsgegenstände auf, um sie später »ins Reine« zu schreiben. Manchmal, wenn die Angehörigen halbwegs schreiben konnten, bereiteten sie die Listen schon vor, oder es tat dies der Schultes, falls, was im 19. Jahrhundert vielfach der Fall war, er Ratsschreiberfunktion hatte. Dann brauchte der Amtsschreiber nur noch das vorgeschriebene Gerüst und die Abrechnung zu liefern, denn jeder Gegenstand wurde geschätzt und sein Wert eingetragen. Wir haben im Verlauf unserer Arbeit bewußt auf diese Wertangaben verzichtet, um den Rahmen nicht zu sprengen. Außerdem wechselt der Kurs der Gulden und Kreuzer innerhalb der von uns besprochenen Epoche so stark, daß ein Vergleich mit Heute jeweils wieder anders ausfiele.
Ob es bei den Hinterbliebenen gelegentlich einmal ein Schlitzohr gegeben hat, das, schneller als der Schultes und von der Trauer nicht vollständig gelähmt, sich »hehlinge« ein Stück zur Seite schaffte, entzieht sich unserer Kenntnis. Aber die Maschen des Gesetzes waren eng und im

kinderreichen Ländle die Augen der Miterben nicht gerade blind.

Kleiderordnungen: Zugriff der Obrigkeit

Von Kaiser Karl dem Großen im Jahre 808 an über das Mittelalter hinweg und bis zur Französischen Revolution hat fast jede große und kleine europäische Herrschaft Kleiderordnungen für ihre Untertanen erlassen. Viele davon sind uns bekannt, in Frankreich die von Philipp dem Schönen (1268–1340) aus dem Jahre 1294 und natürlich die von Ludwig XIV. (1661–1715). Es waren aber nicht nur Einzelherrscher, keineswegs nur absolutistische, sondern auch Republiken wie die Schweiz und Stadtstaaten wie die Reichsstädte, die das Kleidertragen reglementierten. Kleiderordnungen hatten im wesentlichen zwei Funktionen: Es ging dabei einmal um eine Festigung der feudalen Ordnung, die Stände sollten auch nach außen hin durch ihre Kleidung abgegrenzt werden. Zum andern wollte die Obrigkeit die Interessen der einheimischen Textilwirtschaft absichern und nicht zulassen, daß eine so umfangreiche Bevölkerungsgruppe wie der Bauernstand Stoffe und Gewebe aus dem Ausland kaufte, während man auf der einheimischen Produktion sitzenblieb – denn dieser Stand machte zahlenmäßig bis ins 19. Jahrhundert hinein den Hauptanteil der Gesamtbevölkerung aus!
Der Landmann kommt bei allen Kleiderordnungen immer am schlechtesten weg, er ist und bleibt der letzte, der unterste Stand, die minderste Menschengruppe im Lande. Eine Ständetafel zum sächsischen Land- und Lehnrecht aus dem Mittelalter, in der alle Stände, angefangen bei Gott persönlich, über König, Herzog, Richter usf. in absteigender Linie abgebildet sind, läuft der Bauer unter Nummer

17 als kleines, gebücktes Männlein in einer Art Sträflingskittel, mit der Hacke in beiden Händen und links und rechts von Büttel und Lehnsmann bedroht; eine arme Kreatur, leibeigen natürlich und Analphabet sowieso, froh, die »Luft zum Schnaufen« gerade noch umsonst zu haben.

In jeder Kleiderordnung wurde der Landmann dazu verdonnert, die im Land und meist auch von seiner eigenen Hände Arbeit hergestellten Textilien aufzutragen. Der so oft erwähnte und in der Romantik gängige Slogan »Selbstgesponnen, selbstgemacht, selbstgewebt ist Bauerntracht« wurde dem Bauernstand über fast tausend Jahre hinweg oktroyiert – er konnte gar nicht anders und mußte aus der Not eine Tugend machen.

Die ersten württembergischen Kleidervorschriften wurden 1549 als Polizey-Ordnung unter der Regentschaft des Herzogs Ulrich verkündet. Die einflußreichste und am weitesten in unsere Zeit hereinreichende württembergische Kleiderordnung war die des Herzogs Eberhard Ludwig, der von 1693 bis 1733 regierte und um 1712 eine umfassende und barock-weitschweifige Ordnung erließ, die sein Untertanenvolk in neun Klassen einteilte (s. Anhang S. 151). Er interessierte sich sehr für die neuaufkommende Reifrock- und Perückenmode am französischen Hof; Frankreich erlangte damals Weltgeltung in Modedingen, nachdem es Spanien in seiner bis dahin führenden Rolle abgelöst hatte. So wurden vom württembergischen Herzog Späher nach Paris gesandt, die alles genau erkunden mußten. Der Fürst bestimmte kurzerhand, daß die oberen fünf Klassen seiner Untertanen diese neue Mode zu übernehmen hatten. Es handelte sich dabei in der Hauptsache um die Personen, mit denen der Herzog zu tun hatte und die ihm zu Gesicht kamen: Oberhofmarschälle, Geheime Räte und höchste Militärs bildeten die

1 *Hochzeitspaar um 1600. Die Braut trägt eine grüne Juppe und einen weißen Vorderschurz, der Mann ein ledernes Gesäß.*

2 *Bauer mit rotem Wollhemd*

3/4 *Ausschnitte aus Merian-Stadtansichten des 17. Jahrhunderts: Die Bauern tragen Lederhosen mit hoher Taille.*

5 Lederhose um 1616. Das Beinkleid wird am Hemd mittels Schleifen (Nesteln) festgehalten.

6 *Folkloristische Darstellung schwäbischer Trachten Ende 19. Jahrhundert*

7 *Katholisches Bauernpaar in sonntäglicher Kleidung*

8 Bauern in langem Rock und Kamisol, 1772

9 Städtische Frauen im Kirchenmantel. Das Kleidungsstück war im 16. Jahrhundert auch in ländlichen Gebieten verbreitet.

10 *Das Zopfband wurde im 16. Jahrhundert zu einem beliebten Haarschmuck der Frauen.*

erste Gruppe; ihnen waren aber bereits Gold- und Silberstoffe und gallonierte Kleider verboten. In der zweiten Klasse waren Kammerjunker, Obervögte und Adelige, die keine samtenen und mit Seide gestickten Kleider tragen durften. Die dritte Klasse umfaßte Oberstlieutenants, Majore und höhere Kanzleibeamte, ihnen waren alle seidenen Kleider verboten. In der vierten Klasse waren die Kassiere, Sekretäre, Registratoren, Stadtgeistlichen, Ärzte, Hauptleute und Lieutenants versammelt, denen nur das Tragen geknüpfter, spanischer und kurzer Perükken und Tuch bis höchstens dreieinhalb Gulden die Elle gestattet war. Nur zweieinhalb bis drei Gulden die Elle durfte das Tuch in der fünften Klasse, bei den niederen Kanzleibeamten und Hofdienern kosten, und noch einmal einen halben Gulden weniger hatte die sechste Klasse, untere Landbeamte und Hofdiener, Apotheker und Künstler (!), zu prestieren. Schon diese »Classe« wurde auf »des Uracher oder dergleichen im Land fabricirten Leinwands« verwiesen, wenn ihr auch noch das »Cotton und Indienne« erlaubt war. Es wurde immer weniger, in siebter Klasse kamen Handwerker und gemeine Bürger, in der achten Reitknechte, Schultheißen, Gerichts- und Rats-Personen und Wirte auf den Dörfern, und die neunte Klasse bildeten die »gemeinen« Bauersleute. Die drei untersten Klassen mußten sich ausschließlich mit inländischen Stoffen für ihr Häs begnügen, »französisch« gehen sollten die fünf obersten. Dazu verordnete der Herzog noch genaue Einzelvorschriften an Farben und Stoffen, zu besonderen Gelegenheiten wie Hochzeiten, Kindstaufen, Leichen-Begräbnissen und Hoffesten.
Trotz berechtigter Zweifel an der präzisen Durchführung der Kleiderordnungen (in den Gemeindearchiven fand sich keine Strafverhandlung) läßt sich sagen, daß sie innerhalb der Dörfer fest eingehalten wurden. Dafür sorgte

schon die gegenseitige Kontrolle: Zwischen einem Wirt und einem gewöhnlichen Bauern im Dorf bestand ein großer Unterschied; wir sahen schon, daß Herzog Eberhard Ludwig die einen in die achte und die andern in die neunte Klasse geschieden hatte. Wirtsfamilien zum Beispiel durften Schmuck tragen, Silbersachen, teilweise auch Vergoldetes; das war den gewöhnlichen Bauern untersagt. Beim Blättern in den dicken Inventurbüchern fällt so eine Wirtsfamilie sofort auf. Sie durfte im 18. Jahrhundert auch mehr Kleider besitzen, bessere Stoffe, Stickereien, Verzierungen, Schnüre und Bändel tragen sowie silberne Knöpfe und Schnallen.
Man könnte einwenden, diese Unterschiede seien eben ein Zeichen größerer Wohlhabenheit gewesen, unabhängig von der Ständeordnung. Aber es hat auch reiche Bauern gegeben, z. B. die Schmiede an großen Durchgangsstraßen, die in ihren Inventuren unter der Rubrik »Bargeld« eine schöne Menge wertvoller Münzen aus Gold und Silber aufzuweisen hatten, die von der Bezahlung vorbeifahrender Reisender stammten, denen Pferde beschlagen und deren Kutschen repariert werden mußten. Die Kleider solcher reichen Handwerker (auch Seiler und Sattler gehörten gelegentlich dazu) blieben einfach wie die der andern Bauern auch. Wirtsfamilien hatten ihnen gegenüber eine gewisse Tradition, sie stammten wohl teilweise auch vom niederen Adel her und waren vielfach zugleich Schultheißen. Oft heirateten die Töchter des Dorfpfarrers in diese Familien ein, zweite Söhne wurden dann auch selbst wieder Theologen. Das gute Wirtshaus auf dem altwürttembergischen Dorf bedeutete einst eine Art Absteigestätte für vornehme Durchreisende und gehörte in den meisten Fällen zu einem großen Hofgut oder einem alten Lehensbesitz. Diese Tradition sollte gewahrt bleiben, auch nach außen hin.

Drei weitere Stände hoben sich auf dem Dorf noch von den Bauern ab. Das waren in erster Linie die Förster, die als fürstliche Angestellte mit grünen Monturen ausgestattet waren. Meist waren sie reiche Leute, kleine Repräsentanten des Herrscherhauses auf dem Land und mit allem ausgestattet, was gut und teuer war – die Frauen oft ganz städtisch. Dann natürlich die Pfarrherren und ihre Familien, die sich ebenfalls von der bäuerlichen Bevölkerung desto mehr abhoben, je weiter ihre Kleiderlisten in das 19. und 20. Jahrhundert hereinreichen. Es bleiben noch die Schulmeister. In ihren Kleiderlisten prägt sich die ganze Unsicherheit, Armut und Unbeliebtheit aus, die dieser Stand auf dem Dorf zu erdulden hatte – manchmal muß ihnen wirklich die »blanke Not durch die Backen geblasen« haben. Neben den Kleidern ist meist auch die Zahl der Brotlaibe verzeichnet, die der Schulmeister von den Bauern als Schulmeisters- oder Mesnerslohn noch zu bekommen hatte, außerdem der Tatzenstecken, das sogenannte »Meerrohr«, das einige Kreuzer wert und sein eigener Besitz war. Die Lehrersfrauen heben sich nur selten von den Bauersfrauen ab. Ausnahmen gibt es bei diesem Stand aber häufig: Manche, vor allem katholische Gemeinden haben ihre Lehrer gut und ehrenwert gehalten, was sich dann auch in ihrer Kleidung ausprägte.

Den Handwerkerstand heben wir deshalb nicht besonders hervor, weil er in unserem Beobachtungsgebiet so eng mit dem Kleinbauerntum verknüpft ist, daß gar kein Unterschied auszumachen ist. Jeder Handwerker war zugleich Bauer, da gibt es keine Kleiderunterschiede, außer, daß der Zimmermann und der Schmied vielleicht ein Schurzfell hatten und ein »Felleisen« von ihrer Wanderschaft her. Noch weit bis ins 20. Jahrhundert herein bestand diese enge Verknüpfung, auf dem Dorf war das Handwerk nur ein Zugewinn gewesen.

Von den Problemen und Rangstreitigkeiten als Folge der differenzierten Einteilungen und Zuweisungen der Kleiderordnungen ist wenig bekannt. In einem von dem Schriftsteller Friedrich Bernritter erfundenen Briefwechsel zwischen einer Amtmännin und einem Pfarrvikar werden die seelischen Nöte, welche die 1784 neuerlassenen Kleidervorschriften für den Trauerfall der Witwe bereiteten, in ironischer Weise geschildert.
»Hochzuverehrender Herr Vicarius!
Wie Sie wissen, so ist meine Schwiegermutter gestern mit Tod abgegangen, und da muß ich mir in einer sehr bedenklichen Gewissenssache Ihren theologischen und freundschaftlichen Rath ausbitten.
Ich habe meine selige Aeltern, meinen Herrn Schwehrvatter, und alle meine verstorbene nahe Verwandte, bishero noch jederzeit in einer schwarzen Florhaube vertrauert, und nun ist es nach der neuen Trauerordnung bey 15 fl. Strafe verbotten, ferner eine dergleichen Haube zu tragen. Denken Sie doch der Sache reiflich nach, lieber Herr Vicarius, und sagen Sie mir auf Ihr Gewissen Ihre aufrichtige Meinung, ob ich mich nicht an dieser guten Schwigermutter versündige – und sie in ihrer ewigen Ruhe nicht störe, wenn ich sie ohne die schwarze Haube vertraure? – denn im Gegenfall würde ich mir eher die härteste Strafe gefallen lassen, als diese Verordnung befolgen. Ich erwarte Ihre Antwort – und bin« u.s.w.
Antwort:
»Liebe Frau Amtmännin, Sie werden Sich weder an der verstorbenen Frau Schwiegermutter versündigen, noch die Ruhe ihrer Sele stören, wenn Sie die schwarze Haube bey der Trauer weglassen. Damit Sie aber in der Sache eine völlige Beruhigung erlangen, so rathe ich Ihnen, sich eine Schlafhaube von schwarzem Flor verfertigen zu lassen, und sich derselben Nachts im Bette gerade so lange zu

bedienen, als Sie solche (wenn die neue Trauer-Ordnung nicht existirte) bey Tag getragen haben würden. Auf diese Art leisten Sie Ihrem Gewissen Genüge, und entgehen der Strafe, die sich, so viel ich weiß, nicht auf das Trauren im Bette erstreckt. Ich bin« u.s.w.

Aus dem Bauernschrank: »Manns- und Weibskleider«

Das rote Wollhemd

Betrachten wir zunächst das, was wir in den untersuchten Gemeindearchiven zur bäuerlichen Kleidung vorfinden konnten. Aus dem 16. Jahrhundert gibt es in unserem Beobachtungsgebiet nur ganz wenige Angaben. Es ist eigentlich nur in Zainingen und Bernloch etwas vermerkt, wobei die Inventuren aus dem letzteren Ort schon aus den Anfangsjahren des 17. Jahrhunderts stammen, sich aber auf Kleider aus dem zurückliegenden Jahrhundert beziehen. Das Zaininger Buch stammt tatsächlich aus dem Jahr 1580. Trotz seines schlechten Zustands waren immerhin einige Kleiderlisten lesbar. Es ist auffallend, daß es kaum Buntes gab in dieser Zeit. Die ursprüngliche Farbe des Bauern war vom Mittelalter her die graue; der »Graukittelbauer« war in ganz Europa bis hinauf nach Norwegen ein Begriff, und in Ulm waren die »Marner«, die Grautucher, ein eigener Berufsstand. Die Färbung war nicht immer eine künstliche, sondern entstand meist durch langes Tragen ungebleichten Linnens oder Barchents auf natürliche Weise, wenn die Kleidungsstücke nicht viel gewaschen wurden. Die zweite meistgenannte Farbe ist braun, welche den selbsterzeugten Wollprodukten von Natur aus eigen war. Schafwolle wurde kaum nachgefärbt, sie blieb, wie sie war, braun und rohweiß.
Als erste kultivierte und künstlich erzeugte Farbe taucht in

unseren Akten Schwarz auf, in diesem Fall im Besitz einer Schultheißenfamilie, die schon dem gehobenen Bauernstand angehört. Schwarz war durch die spanische Mode unters Volk gekommen, galt als vornehm und feierlich und hielt sich ab dato bei Ehren- und bäuerlichen Hochzeitsgewändern, zur Trauer, als Pfarrerstalar und Schulmeisterswams – überall da, wo es ehrbar und dienstlich und außerdem fromm zuging. Schwarz galt lange Zeit als die Farbe des braven und fleißigen Württembergers. Wer bunte Kleider trug, den hielt man für leichtsinnig und »aushausig«, denn das Färben war damals sehr teuer. Nur Schwarz konnte billig hergestellt werden; es gab sogar den »Schwarzfärber« als eigenen Berufsstand.
Nach und nach tritt aus der »Eintönigkeit« eine Farbe hervor: die rote. Ein rotes Wollhemd besaß im 16., 17. und bis zur Mitte des 18. Jahrhunderts jeder Bauer, sowohl in unserem Beobachtungsgebiet als auch darüber hinaus in den angrenzenden deutschsprachigen Gebieten, im Elsaß, in Österreich, Bayern und in der Schweiz. Es war *die* bäuerliche Standestracht. Es übersprang alle politischen Grenzen und erfreute sich offensichtlich solcher Beliebtheit, daß es sogar zum Kirchgang getragen wurde, worüber sich das Protokoll eines kirchlichen Visitators im Ulmer Land aus dem Jahr 1700 abfällig äußerte: »Die Männer erscheinen gar viel ohne Krägen und Kirchenröcke, nur in roten wullenen Hemden, Schlappen, Floren um den Hals bei dem Tisch des Herrn, als wenn sie zu einer Bierzech gehen wollten.«
Man darf sich darunter nicht unbedingt ein lose herabhängendes Hemd vorstellen. Das rote Wollhemd war mehr eine Art Wams oder Kamisol, anliegend und in der Seitennaht geschlossen, in der Taille gekräuselt oder gegürtet, manchmal mit angesetztem Schoßröckchen. Es gehörte zur Oberkleidung, der Mann besaß nur eines, dazuhin

aber mehrere naturleinene, die er dann darunter trug. Die rote Farbe gibt uns einige Rätsel auf. Daß sie den Bauern gefiel, rührt vielleicht vom kräftigen Ton des Rot her. Aber das allein kann in einer Zeit des teuren Färbens der Grund nicht dafür sein, daß das Rot dominierte. Warum wurde es zu einer Art Standesfarbe der Bauern? Rot ist auch die meistgeliebte Farbe in der Heraldik, bei Spielkarten und Fahnen. Sie war ursprünglich der höchsten Gesellschaft vorbehalten. Purpur war die Farbe des Krönungsmantels, und bei Turnieren des Mittelalters gab es oft genug ein Stück Scharlach als Preis. Noch beim Ulmer Schwörtag 1649 wurde der herrschaftliche Charakter deutlich: die Obervögte, also von Geislingen, Albeck, Leipheim, die Vögte von Langenau und Altheim trugen rote Scharlachmäntel, wie sie die Patrizier des Rats trugen. Die Redensart, man könne sich »bei diesem Herrn ein rotes Röcklein verdienen«, hebt sie als Standesfarbe hervor. Wollte der kleine Mann auch haben, was der große besaß? Das ist ein Grundzug, der sich durch die ganze Kleidergeschichte zieht; die untere Schicht strebt oftmals das an, was ihr vorenthalten und nur der nächsthöheren Rangstufe zu tragen erlaubt ist. Der Trachtenforscher Weitnauer denkt an die Reichssturmfahne, um die Vorliebe für Rot zu erklären; man kann auch an das Schwarzrot der württembergischen Landesfahne denken oder an das Schweizer Wappen, überall kommt Rot vor – eine bündige Erklärung wird sich nicht finden lassen.

Man kann in der Trachtengeschichte auch nicht allein von solchen Neigungen ausgehen. Es mußte auch ein Angebot da sein, man mußte diese roten Stoffe bekommen: Es war nötig, daß sie auf Messen und Märkten auslagen, die Rotfärberei mußte so leistungsfähig sein, daß sich die vielen Bauern mit roten Wollhemden versorgen konnten. Das Rot oder »Krapprot«, auch »Färberröte« genannt, stammte in der Regel aus Südeuropa. In Frankreich, in der Gegend von Avignon, wurde viel Krapp angebaut, ebenso in Holland, im Elsaß, in Schlesien, Sachsen, in der Pfalz und natürlich in Italien. In Ulmer Färbereiordnungen spielte das Krapp eine große Rolle, aber auch die Stadt Calw, die vor dem Dreißigjährigen Krieg die Wolltuche für die Tracht des Landmanns lieferte, hatte eine leistungsfähige Türkischrotfärberei. Man unterschied zwischen »Gemeinem Rot« und dem besseren »Türkischrot«, mit ersterem mußte auf vorgeöltem Grund gefärbt werden, wie Anordnungen des 16. Jahrhunderts in Ulm besagen. Vielleicht hat es ein Hausrezept gegeben, nach dem die tüchtigen Bauersfrauen das Tuch für die Wollhemden ihrer Eheherrn einfärben konnten? Der schwäbische Volkskundler Birlinger spricht vom Färberkraut, einem rotfärbenden Johanniskraut. Sicheres ist nicht überliefert. Es läßt sich nur soviel sagen: Rote Weste, rotes Mieder, roter Rock und roter Rocksaum, auch die rote Seidenhaube im herrlichsten Zinnober fehlten in einer Bauerninventur fast nie, wogegen Pfarrer, Lehrer und gelegentlich auch Handwerker nichts in dieser Farbe besessen haben.

Kirchenmantel und Pelzhütlin

Man kann oft in Trachtenbeschreibungen lesen, die württembergische Bäuerin lehne Mantel und Hut als »herrisch« ab. Für die letzten drei Jahrhunderte stimmt das auch. Die »umgekleidete«, d. h. nicht mehr Tracht tragende Landfrau, hat nur sehr zögernd von der Mode den Mantel als letzte Konsequenz übernommen, zunächst für sonntags. Den Hut lehnt sie immer noch ab, mindestens die ältere Frau, er schickt sich nicht, ist anmaßend, überheblich, auch unpraktisch an windigen Tagen.

Frauen, die aus dem Dorf weg und in die Stadt geheiratet haben, können sich vielleicht daran gewöhnen und tun, was dort die andern auch tun. Aber wenn sie zu einem Besuch heimwärts fahren, legen sie ihn spätestens zwei Dörfer vorher schon ab, um keinen fremden Eindruck zu erwecken.

Wie groß ist das Erstaunen, wenn wir in Inventuren aus der Zeit vor dem Dreißigjährigen Krieg Mäntel für Frauen finden, gleich mehrfach, also nicht als Einzelstücke, und selbst in damals ziemlich abgelegenen Gemeinden wie Zainingen, Bernloch, Feldstetten. Vermutlich waren es reiche, ehrbare Frauen, Wirtinnen, Schultheißinnen, Ehehälften von Heiligenpflegern und Gemeinderäten. Wahrscheinlich war ein solches Stück auch teuer und somit eine Art Statussymbol, das sich nicht jede Frau leisten konnte. Immer wird Wolle als Material genannt, besonders die beiden Stoffarten Distel- und Engelsait, leichtere Wollstoffe, die in der Stadt Calw hergestellt wurden. »Sait« bzw. »Saiten« bedeutet nach Schmids Schwäbischem Wörterbuch »eine Art groben Zeuchs«; »eine halbe Saiten zu einem Mantel kostet 5½ Gulden, aus einer Rechnung vom Jahr 1451 um 9 Ellen Distelsaiten der Anna Strölerin gen Heggbach, wo sie Nonne war«. Saiten soll auch soviel wie »Satin«, Engelsaiten »English satin« bedeuten. Ob der Stoff allerdings aus England kam, ist fraglich, da ausländische Materialien ja von den Bauern nicht getragen werden durften, aber es ist möglich, daß er im württembergischen Calw nach englischer Manier hergestellt wurde. Distelsait ist ein etwas billigeres Gewebe aus kurzer Wolle, das mit der Kardendistel oder Weberkarde aufgerauht wurde.

So sehr schon der Kirchenmantel unseren heutigen Vorstellungen von Tracht widerspricht, so merkwürdig wirkt auch sein Schnitt. Feingefältelt, wohl auch mit künstli-

chen Steifungsmitteln wie Leimwasser gestärkt oder plissiert, war das Stück umhangartig geschnitten und reichte von der Schulter oder eigentlich vom Kopf herab ohne Betonung der Taille, war tiefschwarz und käme uns heute wahrscheinlich weltabgewandt und figurfeindlich vor. Ringsherum eingehüllt, müssen die Frauen fast wie die Nonnen in die Kirche gestapft sein, wie schattenhafte, hochgeschossene Morchelpilze. Es ist unschwer zu erkennen, daß die Mäntel dem spanischen Modebild entstammen. Noch heute kennt die hessische Tracht ein Überbleibsel davon, ein diesem Stück sehr ähnliches Trauermäntelchen, das allerdings nur bis zur Hüfte reicht. Die dort lebenden Frauen haben es aus dem großen Krieg herübergerettet, während der Württemberger Kirchenmantel nach dem Westfälischen Frieden nur noch sporadisch und in alten Listen auftaucht. Neu angefertigt wurde der Mantel nun nicht mehr.
Auch das »Pelzhütlin«, 1627 in Bernloch erwähnt, hat der große Krieg verschlungen – einstens sollen Kleinbauern und Dienstboten es getragen haben, eine für die spätere Zeit ganz undenkbare Vorstellung! Das Hütchen hat eine seitlich aufgeschlagene Krempe, außerdem ein Blumensträußchen darauf und sieht recht unternehmungslustig aus, sicher etwas fremd für unsere heutigen Augen.
Welch große Kluft der Dreißigjährige Krieg gerissen hat, wird in der volkskundlichen Forschung immer wieder von neuem klar: Das Davor und Danach berühren sich kaum, Kleider und auch Bräuche aus der Zeit vor 1618 muten uns manchmal so fremd an, als wenn es sich dabei um einen ganz anderen Volksstamm handelte. Nach Kriegsende, das muß man sich immer vor Augen halten, war die bäuerliche Kultur so völlig auf dem Tiefstand, daß die Leute bei Heirat »einander nichts in den Ehstand bringen konnten, als die wenigen Klaidlein, die sie auf dem Leib getragen«.

Hosenträger, Zopfbänder und Wiflingröcke

Im Dreißigjährigen Krieg hatte das Land Württemberg fast drei Viertel seiner Einwohner verloren; Pfarrer und Lehrer mußten in vielen Orten ohne Besoldung arbeiten, bei den »Weltlichen war Kasten und Keller leer«, und bei Hof war »übel gehauset, alles weg, im Garten die Bronnen, paille maille verderbt, verritten, verfahren«, wie ein Bericht an den Herzog 1640 ausweist. Das Amt Urach hatte allein eine Million Gulden an Schuldenlast, die wenigen Übriggebliebenen fanden kaum etwas zu essen: Sie lebten von Kräutern, Baumrinde, Eicheln, Ratten, Hunden und Katzen, und ehemals reiche Leute zogen bettelnd durch das Land. »Alt und Jung weiß fast nicht mehr, was Gott und der Teufel sei.« Angesichts der unvorstellbaren Not ist es kaum zu glauben, daß der württembergische Herzog Eberhard III. am 10. April 1650 »mit sonderbar ungnädigem Mißfallen« eine Ordnung gegen Kleiderluxus an der Universität Tübingen erlassen mußte. Dortige Studierende, auch solche, »die Canzeln betreten und bei Vicariaten die Sacramente administrieren«, trieben großen Übermut »mit rothen kroatischen Kappen, braunen Stiefeln, braiten frantzösischen Behencken und Degen an der Seiten, auch ohngeformten weiten Hosen mit vielen Bändeln, hinden und vorne vielen Knöpfen und Maschen und mit seidenen Schlinglein besetztem Wammes« und zogen zum allgemeinen Ärgernis »ohne Magister-Röckhlin« daher. Waren es reiche Adelskinder, die ungeschoren davongekommen waren? Ist die üppige Kleidung ein Indiz für den Abscheu gegen Not und Elend der langen Jahre? Auf dem Land, wo der Krieg noch stärker gewütet hatte, ging der Aufschwung sehr viel langsamer vonstatten. Erst nach hundert Jahren war der Vorkriegszustand wieder erreicht. Wir finden viele Inventuren aus dieser Zeit, in denen lediglich die Kleider verzeichnet werden konnten, die auf dem Leib getragen wurden. Mehr besaßen die Hochzeitsleute nicht. Erst langsam konnten sie darangehen, ihre Kleiderbestände wieder aufzustocken. Was sie noch an Altem hatten, trugen sie natürlich auf bis zum letzten Faden; was neu entstand, sah wesentlich anders aus als vor dem Krieg. Zunächst rückte die Taille nach abwärts, zu ihrer naturgemäßen Position oberhalb der Hüftknochen. Der übernatürlich hohe Stand unterhalb der Arme, der besonders in der Männerkleidung typisch gewesen war, wurde aufgegeben; es entstand der normale Hosenbund in der Höhe von zehn Zentimetern über dem Nabel, wie er heute noch üblich ist. Und es bildete sich dazu die Weste, damals Brusttuch genannt, und bei der Frau das Mieder, das nun nicht mehr unter der Achsel endete, sondern bis zur Schulter hinaufreichte und dorthin auch den Aufhängepunkt verlegte.

Auslöser für diese Veränderung ist beim Mann der Hosenträger, der in dieser Zeit erstmals genannt ist und die Männer von einem Alpdruck befreit haben muß – besonders die körperlich schwer arbeitenden. Mitgebracht haben ihn vermutlich die vielen Schweizer und Tiroler Einwanderer, die das verödete Land besiedelten und bebauten. In den dortigen Gebirgsdörfern waren sie mit dem Bandwebstuhl vertraut und hatten neben der bäuerlichen Arbeit Bänder gewebt, die in Württemberg nicht gängig waren. Der erste Hosenträgertyp im Ländle ist jedenfalls der mit dem V-förmigen Riegel zwischen den beiden Querstreben, der in vielen Gebirgstrachten vorkommt und die Aufhängung des mittleren Bundknopfes sicher garantiert. Denn nun kommen erstmals Knöpfe auf, aber nur bei der Männerbekleidung – anscheinend ist der Knopf zunächst als etwas Männliches empfunden worden. Die weiblichen Mieder, die nun in Mode kamen, wurden noch durch Schnürung verschlossen und erst später mit Haken und Haften. Ein mit Zierknöpfen versehenes Mieder kommt in der früheren Frauentracht nicht vor. Solche Stücke sind bereits ein Zeichen für Neuschöpfung und historisierendes Nachvollziehen.

Zusammen mit dem Hosenträger kam nun die Weste bzw. das Brusttuch auf, teilweise noch seitlich geschlossen, später dann vorn in der Mitte. Es wurde zunächst unter dem Hosenträger getragen. Das Mieder war das weibliche Gegenstück dieser Entwicklung. Vieles bei beiden Geschlechtern war ähnlich in Schnitt und Funktion und wurde auch gleich benannt. Mieder und Weste waren in der Hauptsache rot und blieben es bis ins 20. Jahrhundert hinein; nur für die Trauer wählte man Schwarz und zur Arbeit auch manchmal das Rohweiß des selbstgewebten Leinen.

Eine weitere Anleihe aus dem Schweizer Kleiderfundus scheint das Zopfband gewesen zu sein. Aus Jost Ammans Trachtenbildern aus dem 16. Jahrhundert läßt sich wenigstens ersehen, daß die Eidgenössin neben der Schwäbin als einzige der Frauen diesen Haarschmuck trägt, der nachher bei der schwäbischen Bäuerin so Furore gemacht hat. Es ist auch im 17. Jahrhundert einmal ein sogenannter »Frauenzopf« erwähnt, ein geflochtenes Gebilde aus Hanf, das einen roten Stoffüberzug trug und dem natürlichen Haarwuchs etwas aufhelfen sollte. Es wurde ähnlich wie eine Perücke aufgesetzt, nur etwas mehr nach hinten gesteckt. Die Ulmerinnen sprechen vom »Pfuhler Zopf«, der im Langenauer Museum gezeigt wird.

Gegen Ende des Jahrhunderts prägt sich ein Stück aus, das bis heute den eigentlichen Grundstock jeder weiblichen Tracht ausmacht: der weite, faltenreiche, schwere, rechteckig geschnittene und meist dunkle »Weiberrock«. In verschiedensten Formen, mit oder ohne fest angenähtes

Mieder, steht er zumeist obenan in jeder weiblichen Inventur als das teuerste Kleidungsstück, das den Reichtum der Frau ausmacht. Die ursprünglich braunen und grauen Naturfarben dieser Röcke werden nun mit dem Fortschritt der Färbemethoden in den Hintergrund gedrängt: Blau, Grün und Schwarz sind jetzt die Grundtöne. Sie beherrschen jede Inventur. Dabei ist der »grüne« Rock, meist mit rotem Mieder und gezacktem Seidenband am unteren Saum eine Art Fest- und Tanztracht für junge Mädchen. Der »schwarze« hingegen war für die Hochzeit und sonstige feierliche Gelegenheiten bestimmt. Beide Stücke schaffte man nur einmal an und bewahrte sie dann ein ganzes Leben hindurch. Der blaue Rock geht mehr in Richtung Arbeit und Werktag. Blau, besonders ein helleres, war auch in einigen Kleiderordnungen als Arbeitsfarbe festgelegt worden, wohl vor allem deshalb, weil diese Färbeart einfach und billig war. Wer es sich leisten konnte, schaffte sich einen oder mehrere solcher Röcke aus reinem Wolltuch an, jenem unverwüstlichen Erzeugnis aus einer Wollmanufaktur wie der Calwer, die allerdings im Dreißigjährigen Krieg so gelitten hatte, daß sie lange brauchte, um wieder voll produktionsfähig zu werden. Ähnliche Betriebe gab es in Cannstatt, Esslingen, Nürtingen, Vaihingen, Markgröningen, Ulm, Kirchheim und Ehingen. Eingekauft wurde auf den Märkten oder bei den Hausierern. Nur betuchte Leute konnten sich ein solch wertvolles Stück oder gar mehrere leisten, und auch nur für sonntags. Die viel größere Anzahl dieser Röcke mußte ja Alltagskleidung sein, mußte helfen, den manchmal 14stündigen Arbeitstag zu bestehen. Hierfür gab es einfache, rauhe, widerstandsfähige Stoffe. Der weitaus gebräuchlichste ist der »Wifling«, ein grobes Gewebe aus leinenem Zettel und wollenem Einschlag, das von den Bauern selbst gewebt und vor dem großen Krieg auch schon für die Herstellung der Juppen- oder Bleginröcke in Leimwasser-Fältelung verwendet wurde. Wenn die Kleiderordnungen die Bauern auf ihre selbst hergestellten Gewebe verwiesen, meinten sie in erster Linie den Wifling. Für die Oberkleidung, für Röcke, Büble und Mieder bei der Frau und Wämser, Kittel, Westen beim Mann wurde zu 80 Prozent dies zähe und dauerhafte Zeug verwendet. »Du bist so zäh wie a alter Wifling« heißt eine anschauliche Redensart, und »wifeln«, also schön in Leinenbindung stopfen, haben unsere Bäuerinnen noch gar nicht so lange verlernt, erst seit der Zeit der selbstgestrickten Strümpfe.

Das lederne Gesäß

Die Lederhose der Männer, ein bäuerliches Standessymbol, hat seit dem 16. Jahrhundert viele Veränderungen und eine lange Leidensgeschichte hinter sich gebracht, ehe das bekannte schwäbische »Fuhzkäschtle« entstand, das die Älbler heute noch bei Trachtenfesten gern tragen, obwohl sie in die alten Modelle kaum noch hineinpassen und geräumigere Nachbildungen anfertigen lassen müssen. Das »lederin Geseß« (im 16. und teilweise noch im 17. Jahrhundert lautet die Adjektivendung auf »in«, also gaißin, lederin, böckin, leinin, seidin) der damaligen Zeit kann man nur mit einigem Kopfschütteln betrachten: ein schlappriges, zweibeiniges Ding, das bis unter die Arme hinaufreichte und am Kamisol oder am Wollhemd mit einer Reihe von Nesteln befestigt war, die schleifenförmig gebunden und schön nebeneinander aufgereiht waren, ungefähr ein Dutzend pro Hosenbund. Der »Nestelschwab« aus der Sage von den Sieben Schwaben kommt uns in den Sinn, und wir können nur mit Bewunderung

die lange Schleifenreihe nachvollziehen, die hier Ober- und Unterteil der männlichen Kleidung vereinigt. Wie man sie auf- und wieder zugemacht hat, wissen die Götter – nicht einmal die Männer selbst, die noch im 20. Jahrhundert Schwierigkeiten mit dem Öffnen und Binden einer Schleife haben. Der fleißige Landmann im Vordergrund vieler Merianstiche aus dem 16. Jahrhundert trägt tatsächlich solche Schleifengarnituren, und er hat sie gewiß nicht mehrmals am Tage wegen eines menschlichen Rührens auf- und wieder zugebunden. Dafür hatte die Hose noch andere Einrichtungen, einen dreieckigen und etwas frivolen Latz auf der Vorderseite und einen verdeckten, übereinanderlaufenden Verschluß unterhalb des Rückenteils. Der Hosenträger, der die ganze Kalamität aus der Welt geschafft hätte, wurde – wie bereits gesagt – erst ein Jahrhundert später erfunden, als man sich auch langsam des Knopfes erinnerte, der im Mittelalter wegen der über den Kleidern getragenen Rüstungen kaum angebracht und auch in der Bauerntracht nicht zu finden war.
Ein rechter Landmann hielt auf gutes Leder für seine Beinkleider und war stolz, wenn sie »wildhäutin« waren oder »hirschin« womöglich. Dies waren die teuersten, und sie waren auch gar nicht leicht zu bekommen, da die Jagd auf das Hochwild, auf Hirsche und Rehe ja ausschließlich Sache des Landesherrn war. Im Dorf wurde nur selten eine solche Haut verkauft. Es waren vielfach die großen Bauern, die Wirte und Schultheißen, die solche »hirschinen« Hosen ihr eigen nannten. Man konnte die Tiere für das Hosenleder auch im Hausgebrauch züchten, deshalb ist der Normfall die »kälberin« oder »böckin« Hose, auch »gaißine« gibt es. Der Bock im Stall, den sich viele Bauern hielten und der die abergläubische Bedeutung hatte, Krankheiten von den Stalltieren fernzuhalten, diente vor allem als zuverlässiger Lieferant für Hosenleder. Die dem

lebenden Tier zugeschriebenen magischen Wirkungen haften auch noch der »toten« Hose an, von der die Vorstellung bestand, daß ein »böckines« Beinkleid stark mache und die männliche Zeugungskraft fördere.
Im 16. und zu Anfang des 17. Jahrhunderts wurde dieses Leder noch nicht gefärbt, sondern in der hellgelben Naturfarbe getragen, was dem Schwaben auch die Bezeichnung »Gelbfüßler« oder »Frosch« eingetragen hat. Die hellgelben und weit über die natürliche Taille hinaufreichenden Hosen sahen auch auf der Bauchseite etwas nach mehrfüßiger Kreatur aus. Am unteren Ende reichten die Hosen bis an die Wadenbeine und wurden am Knie abgebunden. Im Grunde war es immer eine enge Kniehose; die weiten geschlitzten Pumphosen, die damals von der spanischen Mode kreiert worden waren, hat der württembergische Bauer nicht angenommen, und lange röhrenförmige Hosen kamen erst viel später auf. In der Mitte des 17. Jahrhunderts fing man an, die Lederhosen zu schwärzen, nachdem man eine verhältnismäßig dauerhafte Farbe gefunden hatte, mit der man sie nach langem Tragen auch wieder auffrischen konnte. Von da an besaß der Landmann im allgemeinen zwei Lederhosen, eine für sonntags und eine für werktags – und wenn die letztere unansehnlich wurde, ließ man sie frisch einschwärzen und trug sie wieder für den Sonntag, während man die andere »herabstufte«. Gewaschen oder auf andere Weise gereinigt wurden sie kaum, und Unterwäsche war damals auch noch nicht weit verbreitet. Hygiene ist eine Errungenschaft des 20. Jahrhunderts.

Das evangelische Büble

Die alten Albfrauen erzählten noch um 1950 vom »Büble« ihrer Großmütter, und in Zaininger Inventuren ist es 1580 schon erwähnt. Also ist es dreieinhalb Jahrhunderte lang lebendig gewesen. Dies kurze, boleroartige, dunkle und warme Jäckchen mit den gebauschten und gesmokten Schulter- und Oberarmpartien und den engen Unterärmeln trugen die Frauen an kalten Tagen als Ergänzung zu ihren weiten Wollröcken. Es ist sicherlich nicht überall in der Form ganz gleich gewesen: Es gibt örtliche und zeitliche Verschiedenheiten, es ist einmal länger, einmal kürzer, einmal weiter und einmal enger. Und es wurde in den verschiedensten Stoffarten angefertigt, angefangen vom einfachen Zwilch, Barchent oder Leinen bis zum teuren Calwer Wolltuch oder einigen Pelzarten, die den Bauern damals zu tragen erlaubt waren und meistens zum Abfüttern der Büble verwendet wurden.
Sehr verschieden ist auch der Name. Das Büble heißt nicht immer nur Büble in den Inventuren, sondern auch Schalk, Peterle, Steiner, Ermele, Jäckle, Kittele, Mutzen, Spenzer, Übermieder – je nach Zeit und Gegend. Fünf von diesen Namen sind, wenn man das Büble selbst hinzunimmt, Bubennamen; Jäckle soll von Jakob, Steiner von Christian abgeleitet sein. Warum das so ist? Nahm ein Büble, ein Jäckle oder ein Peterle das darin steckende Wesen so warm in den Arm wie dieser klassische Seelenwärmer aus Stoff? – diese Erklärung scheint vielleicht etwas weit hergeholt zu sein.
Die sprachlichen Formulierungen geben überhaupt in der Trachtengeschichte immer wieder Rätsel auf. Röcke, Kittel, Hemden, Strümpfe, Schuhe, Wämser, Mäntel, Kappen, Hüte, ja Pelzmützen gibt es für beide Geschlechter gleichermaßen wie Schalke und Mutzen, und man muß beim

Studium der Inventuren oft scharf hinsehen, ob Mann oder Frau gemeint sind. Nur Hosen, und dazu noch lederne, sind ein unverwechselbares Monopol des Mannes.

Macht man den Versuch, die Namen Büble, Steiner, Peterle, Schalk, Ermele etc. auf die gebietliche Herkunft zu untersuchen, so ergibt sich Erstaunliches: Das »Büble« erscheint in etwa 50 evangelischen, also altwürttembergischen Orten; in rein katholischen Gemeinden kommt es so gut wie gar nicht vor, nur ganz vereinzelt in Grenzgebieten und gemischt konfessionellen Orten. Katholische Bäuerinnen besaßen zwar dasselbe Kleidungsstück, es hieß aber ganz anders, meistens Steiner. Zu bedenken ist, daß unsere katholischen Inventuren nicht so weit zurückreichen wie die evangelischen. Aber es gibt nirgends auch nur den geringsten Anhaltspunkt dafür, daß dort einmal ein Büble existiert hätte. Zwischen dem altwürttembergischen Kernland und den Klostergebieten bestand eine so tiefe Kluft, daß sich dies auch in sprachlichen Kleinigkeiten ausprägte, denn mit der Konfession als solcher hat dieser Unterschied ja nichts zu tun. Die Bezeichnungen Mutzen, Schalk, auch Übermieder, kommen in Orten beider Konfessionen vor, wogegen »Ermele« (wirklich ein Jäckchen, kein einzelner Ärmel!) wieder eine landschaftliche Oase darstellt und nur in evangelischen Orten auf der Zwiefalter Alb genannt wird, in Dapfen, Kohlstetten, Bernloch, Ödenwaldstetten usf. Das »Peterle« tritt ebenfalls dort, aber nur vereinzelt auf, es war auch im Schwarzwald und am Oberrhein üblich, wo es einen Sonntags- und einen Werktagspeter gab. Bereits im Lauf des 18. Jahrhunderts rücken Pfarrers- und Lehrersfrauen vom Büble ab und kleiden sich »vornehmer«.

Angefertigt wurde das Büble gern aus der Stoffart des Rockes. Besonders bei Hochzeitsausstattungen sind meist

11 Die Frau trägt eine Juppe mit zwei roten B'legen (1616), was nach der Kleiderordnung nur oberen Ständen erlaubt war.

14 Barockes Schnürmieder mit Goller, getragen in Feldstetten Anfang 19. Jahrhundert. Aufnahme 20. Jahrhundert

12 Goller einer Mädchen-Sonntagstracht aus feinem Leinen mit Häkelborteneinsatz, zwischen 1820 und 1840 in Neenstetten getragen
13 Büble aus Feldstetten, Ende 19. Jahrhundert

15 Die Mohrenhaube war in der 1. Hälfte des 19. Jahrhunderts in Mode.

16 Die Bändelhaube der Frau war vorwiegend in der 2. Hälfte des 19. Jahrhunderts verbreitet.

17 Laichinger Frauen mit Bändelhauben auf dem Weg zum Gottesdienst, 1935

18 Rückseite der Bändelhaube mit »Berelesfleck«, der mit Perlen und Metallflitter verziert ist

19 Silberne Schieberkette mit Münzanhänger und drei »Böllen«, Feldstetten 1820
20 Sechsreihiges Granat-Nuster mit silbernem Ehering, Feldstetten 1820

21 Im 19. Jahrhundert verbreiteter Frauenschmuck aus vergoldetem Messing (Exemplar aus Laichingen)

22/23 Württembergischer Militär um 1770. Bauer bei Wäschenbeuren um 1815. – Der Dreispitz, ursprünglich Kopfbedeckung des Militärs, war im 19. Jahrhundert ein beliebter Hut der württembergischen Bauern.

Rock und Büble aus dem gleichen Tuch. Später wählte man für leichtere Büble gelegentlich den Stoff der Schürze. Im 16. und 17. Jahrhundert sind »belzine« Büble erwähnt. »Schlechte Beltz von Lämmern und Geissen« waren den Bauern in der Kleiderordnung von 1549 ja erlaubt worden.

Die Juppe, mit Leimwasser gestärkt

Das Lesen unserer Inventuren gleicht gelegentlich dem Lösen eines Kreuzworträtsels – manchmal fehlt ein Wort und damit der ganze Zusammenhang. Das Wort »Juppe« ist von uns lange Zeit falsch interpretiert worden. Wir dachten an eine Jacke im heutigen Sinne und wollten dieses Kleidungsstück schon unter die lange Reihe der Büble, Steiner und Peterle einreihen. Dann fiel auf, daß die Juppe in weiblichen Inventuren fast immer in der Reihe der Röcke steht, so mußte es sich wohl um eine Art Rock handeln. Außerdem fehlen in solchen Juppen-Inventuren regelmäßig die Mieder.
Eine Erklärung war glücklicherweise einer Inventur aus dem Jahre 1704 der Gemeinde Asch bei Blaubeuren beigesetzt; dort hieß es »Juppen oder B'leginröck«. Das brachte uns der Sache ein ganzes Stück näher. »B'lege« nennen die alten Ulmer Bauersfrauen heute noch die bunten Besätze ihrer weiten Faltenröcke, besonders die inneren, buntkarierten. Eine B'lege, Belege oder ein Belag ist also ein bunter Stoffrand am unteren Saum des Rockes. Auch die württembergische Kleiderordnung von 1549 spricht von »B'leginen« und erlaubt den Bauersfrauen nur eine davon, während die Frauen höherer Rangklassen auch zwei oder drei als Zierde ihrer Röcke anbringen lassen dürfen. Damals betraf dieser Schmuck noch die äußere, sichtbare untere Rockhälfte. Die Frau, die auf unserer Abbildung

aus dem Jahre 1616 die Juppe trägt, muß also einem etwas gehobeneren Rang angehört haben, da sie übereinander zwei rote B'legen am Rock angebracht hat. Der Rock selbst (französisch: jupe) ist fast immer sehr fein gefältelt gewesen, entweder waren die Falten mit Leimwasser präpariert wie heute noch bei den Trachten der Baar oder des Bregenzerwaldes, oder mit der Nadel in zahllose Stehfältchen angefaßt. In der Taille war dieser weite Faltenrock an ein schmales, bandartiges Mieder genäht, das meist nur bis unter die Brust und nicht über die Achsel reichte. Eigentlich war es nur ein vergrößerter Rockbund mit einer kleinen Miederandeutung in der Mitte, entweder einem leichten Geschnür, wie man es ja von der Renaissancemode her kennt, oder überhaupt nur aufgesetzten Streifen. Diese Art Rock soll erstmals mit Knöpfen verschlossen worden sein, nachdem Knöpfe als Verschluß während des Mittelalters kaum bekannt gewesen waren.

Die Juppe war vorn offen, hatte also eine breite Öffnung, die sich von der Taille nach abwärts verbreiterte und eine Reihe von Unterröcken sehen ließ, die manchmal auch nur durch Stoffreste vorgetäuscht wurden. Dazu gehörte natürlich auch eine Schürze, ein »Forderschürzle«, wie es auf unserem Bild zu sehen ist, oder ein »Umbschurz«, der rund herum führte und wie ein kleiner Überrock aussah. Er degradierte den eigentlichen Rock eher zum Unterrock, ließ aber die »B'leginen« noch sehen. Die beiden württembergischen Kleiderordnungen in der Polizeiordnung von 1549 und der Landesordnung von 1621 sprechen auch von den »Unterröcken« der Frauen, die nicht allzu üppig besetzt werden sollten.

Befragen wir die Schwäbischen Wörterbücher von Schmid und Fischer, so wird uns die Sache mit der Juppe auch sprachlich klarer. Juppe–Hippe–Gippe zeigt nun auch den sprachlichen Zusammenhang zwischen der Juppe und der

Hippentracht, die offenbar früher viel weiter verbreitet war und heute noch Reste im Allgäu, dem Walsertal, dem Bregenzerwald und der Baar aufweist. Sebastian Brant schreibt in seinem »Narrenschiff« schon 1494: »Die Buren went keyn gypen me, es musz sin lündisch oder mechelsch« (aus London oder Mecheln). Das bedeutet, daß die Juppen ursprünglich nur aus einheimischem Stoff bestanden oder mindestens bestehen sollten, daß sie außerdem sehr alt sind und sich durch die Jahrhunderte gehalten haben. Das Grundwort Juppe–Gippe–Hippe wird von den Sprachforschern auf das persisch-arabische »djubbeh« zurückgeführt. Es steht für ein kaftanartiges Gewand, das von den Kreuzfahrern nach Europa gebracht worden sein soll. Die Tatsache, daß es noch in unserem Jahrhundert in der spanischen Frauentracht solche Juppen gibt, könnte dies bestätigen, da die Mauren ja viel Arabisches nach Spanien gebracht haben. Die Farbe war, wie meistens bis zum 16. Jahrhundert, das natürliche Schafwollbraun, wenn der Rock aus Wolle war, oder rohweiß und später rot oder braunrot gefärbt, wenn als Material Leinen oder Barchent aus einheimischer Produktion verwendet wurde, wie das Vorschrift war. Da eine Ordnung immer aber auch dazu da ist, übertreten zu werden, gab es später wohl auch ausländische Stoffe bei einzelnen Juppen.

Hemd und Goller

Unerläßliches Kleidungsstück für Mann und Frau zu jeder Tracht und in jeder Zeit war das langärmelige Hemd. Vom Mann wurde es unter dem roten Wollhemd, später unter Kamisol, Wams oder Weste getragen. Der Frau diente es als Ergänzung der Oberkleidung, heute würde man dazu

»Bluse« sagen. Das Hemd war zugleich das einzige Wäschestück, das der Mensch von damals am Leib trug. Bei der Frau kam die Juppe darüber und später das Einzelmieder. Im Schnitt waren die Hemden für beide Geschlechter einander fast gleich, ein hängender Kimonoschnitt mit geraden und auf der Höhe des Oberarms eingesetzten, meistens recht weiten Ärmeln. Angefertigt wurde es aus dem klassischen, dem selbstgewebten Leinen, das in Schwaben als einem Weberland unzählige Abartnamen aufweist wie flächsen, hänfen, reusten, stuckblezen, abwerken, femmeltüchen, kammertüchen etc. Diese Stoffsorten für die Hemden wechselten je nach Umständen, ob arm oder reich, ob für werktags oder sonntags, für Hochzeit oder Trauer. Das Hemd war stets zugleich Nachtbekleidung, falls man überhaupt welche trug. Im 19. Jahrhundert wurden darüber ein Bettkittel und eine Betthaube angezogen, für Mann und Frau wieder ganz ähnlich. Abwandlungen ergaben sich an den Hals- und Ärmelkanten. Hier gab es für die Frau manchmal Spitzen oder kleine Stickereien, soweit sie erlaubt waren. Für den Mann wurden Vorstöße und später angeschnittene Krägen am Hals angesetzt, um die dann Anfang des 18. Jahrhunderts der Halsflor als Krawattenvorläufer gebunden wurde.

Auch das Goller begleitet die Trachtenentwicklung lange Zeit. Ursprünglich auch vom Mann getragen, ist es bei weiblichen Inventuren schon vor dem großen Krieg erwähnt und hält sich bis zum Anfang des 19. Jahrhunderts (Feldstetten noch 1820), bis es dem Halstuch Platz macht, das in der Mitte dieses Jahrhunderts einen Siegeszug antritt.

Das Goller soll ursprünglich nach der Reformation besonders von der protestantischen Kirchenbehörde verordnet worden sein. In einigen Fällen ist das auch überliefert, die

strengen Basler Reformatoren haben solche Verordnungen erlassen und auch die Württemberger, die viel von dort übernahmen. Der reisende Theologe Friedrich Köhler spricht anhand der Nehrener Tracht noch im 18. Jahrhundert davon. Indessen war dieser kleidsame Schulterkragen auch in katholischen Ländern derart in Mode, daß es wohl kaum einer solchen Verordnung bedurft hätte, um die Frauenwelt zum Tragen zu veranlassen. Oder sollten die Kirchenväter mit ihrem Verbot des »freundlichen Blicks« und dem Befehl strengster Geschlossenheit am Hals eine so aparte Mode ins Rollen gebracht haben, die sich nicht nur in der Schweiz, in England und Holland, sondern auch in Italien, Spanien und Frankreich rasch ausbreitete? Es wäre eine Untersuchung wert. Die Geburtsstunde des Gollers ist die Renaissance. Es sind vor allem die vielen schönen Frauenportraits von Hans Holbein, die uns diese ebenso kleidsame wie klar geschnittene Tracht vergegenwärtigen, und in Jost Ammans Trachtenbuch von 1563 tauchen sie in vielfacher Gestalt auf.
Die Bauerntracht hat sich die Gollermode ganz besonders zu eigen gemacht und sie lange noch geführt, als sie in der großen Welt längst passé war: ein Phänomen der ländlichen Retardierung. An sich gehörte das Goller zur Juppentracht und vervollständigte das Juppenmieder, das ja, wie wir schon sagten, mehr ein schmaler Gürtel war und unter den Armen hindurchging, ohne an den Schultern aufzuliegen. Es wurde aber auch dann noch beibehalten, als die Juppentracht aufgegeben wurde und die selbständigen Schnürmieder aufkamen.
Es gab Sommergoller und Wintergoller, solche aus weißem Wäschestoff mit Stickerei und Spitzenbesatz und solche aus leichtem bunten Wolltuch, manchmal – in den »höheren Klassen« – mit bunten, bandartigen Borten, manchmal in der Farbe der Rockborten, besetzt. Ein »schwarz tuche-

nes« für die Trauer besaß jede verheiratete Frau. Oft sind die Initialen der Trägerin in feinem Kreuzstich in einer Ecke eingestickt. Fast immer werden die äußeren Enden des Gollers mit feinen Bändchen unter dem Arm zusammengebunden, was die ganze Tracht sehr ordentlich und sittsam macht: Kein Luftzug kann sie derangieren.
Was aber ist das Gollerbüble? Es taucht gleich nach dem Dreißigjährigen Krieg, erstmals 1665 in Feldstetten, auf und hält sich ungefähr hundert Jahre; die letzte Neuanfertigung meldet Bermaringen 1740. In der Zwischenzeit ist es in fast allen altwürttembergischen Gemeinden zu Hause gewesen. In dieser Zeit greift die württembergische Kleiderordnung von 1681 ein, in der die »unerbare und ärgerlich ausgeschnittene Gollerbieblen« angeprangert werden. Fleischhauer übersetzt das Wort mit »Leibchen«, trifft aber den Sinn damit wohl nur ungenau. Es handelt sich um eine Verbindung von Hemd, Büble und Goller, um ein loses Jäckchen aus Wäschestoff mit fest aufgenähtem Goller, das oft auch nur mit Bändern vorgetäuscht und als Form angedeutet war. Man konnte also, wenn man dieses Blusenhemd unter dem Mieder trug, das verordnete Goller weglassen, das im Sommer oft wohl auch lästig war. Das Gollerbüble ist eine reine Sommertracht, das zeigen schon die feinen Leinenstoffe, aus denen es genäht war. Seine »Unehrbarkeit« lag wohl in der Leichtigkeit des Materials, vielleicht konnte man zuviel »hindurchsehen«. Einen großen Halsausschnitt gab es in der Gollerform nämlich kaum. Der Goller mußte im Schnitt eng am Hals anliegen. Auch das Gollerbüble ist nur zur Juppentracht denkbar, getragen als »Bluse« unter dem gürtelartigen Mieder dieser Rockform. Es verschwindet auch mit der Juppe aus den Inventuren. Abgelöst wird es vom sogenannten »B'scheißer«, den die Landfrauen unseres Gebietes heute noch kennen: eine Bluse oder eigentlich ein Hemd, das feine

und teilweise spitzenverzierte Ärmel hat, die an ein Leibteil von grobem Stoff angenäht sind. Dieses Teil sieht man unter dem Mieder mit Schulterteil nicht mehr, und so kann es sparsamerweise aus geringem Stoff sein, während es aber um so mehr auf die Ärmel »ankommt«. Auch dieser B'scheißer hat sich etwa zweieinhalb Jahrhunderte lang gehalten.

Zwölf Hauben und kein Hut

Die Kopfbedeckung ist wohl überall auf der Welt der Teil der Kleidung, in dem sich das ausdrückt, was der Mensch eigentlich sagen und darstellen will. Eine Reihe von Hüten und Mützen haben bekanntlich Geschichte gemacht. Denken wir nur an die phrygische Mütze, an Tells Hut auf der Stange, an den Dreispitz, an die »Kreissäge« oder endlich an die Fürstenkrone. Immer das, was der Mensch auf dem Kopf trägt, verkündet Stand, Leben, Weltanschauung, politische Haltung und einiges mehr. Vielleicht stehen deshalb Hüte und Hauben in den Kleiderlisten oft ganz vorn, damit ausgedrückt ist: So war oder so ist der Mensch, der hier geheiratet hat oder gestorben ist.
Bei den Landfrauen der damaligen Zeit bedeutete das Tragen einer bestimmten Haube zwar nicht den Ausdruck von Weltanschauung oder Politik wie etwa der Heckerhut der revolutionären Männer von 1848. Aber eine Signalwirkung innerhalb des engeren Lebensbereiches kam ihr sehr wohl zu: Mit ihrer Haube konnte die Bäuerin sagen, wo sie »her war« und was sie vorhatte, ob sie ledig oder verheiratet, ob sie modern und neuen Formen aufgeschlossen oder noch beim »bewährten« alten Stil geblieben war – immerhin eine umfassende Aussage. »Großmutter, du hosch 12 Hauba ond jede heißt ebbes anders – ond i soll et emol oin

Hut aufsetza?« sagte einst eine Enkelin zu ihrer Altvordern, als es für sie darum ging, einen Hut anzuschaffen, was schwere Kämpfe auf der ganzen Linie hervorgerufen hatte, mindestens in evangelischen Orten. »Ein Hut ist herrisch«, sagte die Ahne, und damit war das Thema erledigt.

Die älteste weibliche Kopfbedeckung, die in unseren Akten auftaucht, ist der »Schlayer«, das schon im Mittelalter getragene, lange, gesteckte Kopftuch aus Leinenstoff, wie man es ähnlich heute noch in der Nonnentracht sehen kann. Verschiedene Arten sind uns überliefert: leinene, flächsene, baumwollene, schwarz und weiß gefärbte, gestärkte, Hüllschleier, Hauptschleier, Aufsatzschleier, Fächlensschleier, Wickelschleier, städtische und »Bauren«-Schleier. Manche wurden über einem Gestell auf dem Kopf verankert. Es muß an die 20 Arten gegeben haben, diese wohl in erster Linie für die verheiratete Frau bestimmten Tücher zu tragen, die aus feinstem Wäschestoff gewoben waren. Im späten Mittelalter gab es sogar eigens eine Zunft der »Schlayerweber«.

In den Kleiderlisten findet man »bäurische« und »städtische« Schleier unterschieden – das erste Mal, daß in der Kleidung zwischen Stadt und Land deutlich getrennt wird, und auch nur anhand der Kopfbedeckung! Die Frau konnte sich also mittels des Schleiers als Land- oder Stadtfrau ausgeben bzw. andeuten, welcher Lebensweise sie sich zugehörig fühlte – denn es gab durchaus auch »städtische« Schleier im Dorf, und nicht nur die Schulmeisterin besaß einen! Daß in den Inventuren bis 1760 noch Schleier als neuangeschafft verzeichnet sind, zeigt einmal mehr die konservative Haltung der Landfrau, denn daß die Städterin damals, im ausklingenden Barock, noch solche Kopfbedeckung getragen hätte, ist kaum anzunehmen. Außerdem hatte eine Bauersfrau nicht nur einen Schleier als

Kopfbedeckung, sondern nebenher noch mehrere Arten von Hauben, ein für die heutige Trachtenforschung verwirrendes Bild. Bodenhauben, Zughauben, Ohrenhauben, Schleier, Pelzkappen, dicke Hauben – das findet sich alles zur selben Zeit. Während des ganzen 18. Jahrhunderts dauerte diese Vielfalt an, erst im Laufe des 19. Jahrhunderts beschränkt sich der Bestand auf wenige Formen und Farben, vor allem bei den Protestanten.
Gerade in der Barockzeit sticht an der Art der Kopfbedekkung der Standesunterschied ins Auge: Die Pfarrerin und die Wirtin haben weit kostbarere Hauben als die gewöhnliche Bäuerin. Wenn man sehen will, welches der neueste Schrei bei den Hauben war, muß man bei den Inventuren der Wirtinnen nachsehen. Sie tragen, was neu ist und ihnen gefällt, beispielsweise eine »Bockelhaube«, die der »Herr Bräutigam«, der aus Blaubeuren auf eine Albwirtschaft heiratete, der Jungfer Braut verehrt hatte. Er hatte sie wohl in Ulm gekauft; denn die Bockelhauben mit den Schnebben über der Stirn und den Wangen waren ein Privileg der Ulmer Patrizierinnen. Aber sie wurden sicherlich dankbar angenommen und getragen – so stolz, wie die Frau Pfarrer ihre Samthaube mit dem »goldenen Spitz« in die Kirche führte!
Eine Besonderheit dieses 18. Jahrhunderts ist auch die »weiße« Haube, die »weise gestickte« oder »weise abgenehte«, was in der fehlerhaften Schreibweise zu lustigen Assoziationen führt. Von den weißen Hauben hatten die Frauen oft mehrere Exemplare, meist waren sie selbst aus Leinenresten verfertigt, die bei der Hausweberei übrig blieben, manchmal aber auch aus feinerem Stoff, Mousselin oder Kammertuch, gestickt, gestichelt, gesteppt (das Wort steppen gab es damals schon!), und sie wurden im Haus, am Werktag oder zu der Arbeit als Privileg der verheirateten Frau benutzt. Die schwarzen Hauben aus

Atlas, Taft, Samt oder Kattun trug man dann darüber, ähnlich wie die Männer auf die Zipfelmütze auch den Dreispitz setzten. Die Mode wechselte etwa alle 20 bis 30 Jahre. Gerade an der Haube und ihrer Entwicklung kann man ablesen, daß die Tracht keinesfalls starr blieb, sondern daß man neuen Formen und Stoffarten sehr aufgeschlossen gegenüberstand. Der Wechsel kam meist mit der neuen Generation: Eine alte Merlinhaube, die nur noch bei ganz alten Frauen mit dem Zusatz »alt« vorkommt, ist zur Mitte des 19. Jahrhunderts aus der Mode, als eine junge Braut bereits das neueste Modell einer Bändel- oder Florhaube trägt.
Man fragt sich, wer sie alle angefertigt hat, diese hübschen Schleierchen und Häubchen? Vielfach wohl die Trägerin selbst, wenn sie Geschick in der Handarbeit besaß, was nicht immer selbstverständlich war. Handarbeit wurde gezielt erst zu Anfang des 19. Jahrhunderts in den sogenannten Industrieschulen gelehrt. Aber da und dort ist »ein Stücklein Taffet zu einer Haube« verzeichnet, also wollten die Besitzerinnen wohl selbst eine Haube nähen. Natürlich hat es auch Haubennäherinnen gegeben, und die Dorfschneider von damals konnten die Kopfbedekkungen auch machen, wie sich aus den Akten ergibt. Außerdem liest man von Hausiererinnen von auswärts, die mit fertigen Hauben handelten, auf dem Markt so gut wie an den Haustüren. Die Idee von der Bodenständigkeit und der Urtümlichkeit der Tracht kommt durch solche Aktennotizen immer wieder stark ins Wanken. Im 18. und beginnenden 19. Jahrhundert hielt man gar nicht soviel vom »Bleibenden«. Die Frauenwelt war, auch auf dem Dorf, begierig auf Neues und Modisches.

Haubenkatalog

Die Zusammenstellung beruht auf den in Inventuren unseres Untersuchungsraumes erwähnten Haubenarten. Es ist uns leider nicht möglich gewesen, genaue Beschreibungen zu den einzelnen Haubenformen zu geben.

Vor 1690:	Schleier. Pelzhütlin. Frankfurter, Böhmische, Mömpelgarder Häuble.

Evangelische Orte

1690–1700:	Pelzkappen. Schleier. Schleierhauben. Schwarze Bodenhauben aus Samt, Taft oder Brokat. Schnurhauben. Weiße, teilweise gesteppte Hauben aus Leinen (flächsen oder ehewerken) oder Baumwolle.
1700–1720:	Pelzkappen. Schwarze Boden- oder Ohrenhauben aus Taft, Zeug, Atlas, Brokat. Gesteppte und gestickte weiße Bodenhauben; dieselben mit Spitzen. Hüllschleier. Zipfel- und Schlafhauben.
1720–1740:	Zug-, Boden-, Ohren-, Bauren- und Lapphauben in Weiß, Schwarz und in Ausnahmen Blau; dazu weiß gesteppte, gestührlte und solche mit Spitzen und aus Silber. Die blaue Haube ist aus Taft und hat »goldene Fechlin« (abstehende Seitenteile). Eine »klein gesteppt Häublen« ist verzeichnet und eine »gute dicke Baurenhaub«.
1740–1760:	Zug-, Boden-, Samt- und Backenhauben in Weiß und Schwarz aus Taft, Samt, Atlas, Plüsch und Crepp. Ein »neuer stät-

	tischer Schleier«. Ein »chagrinene« (französisch chagrin = Kummer) und eine »dicke Haub«. Die Backenhaube ist eine Einzelerscheinung und der Braut »vom Herrn Bräutigam verehrt«.
1760–1780:	Zug-, Boden-, Florhauben in Weiß und Schwarz aus Taft, Seide, Damast, Crepp, Halbseide und Samt. Die weißen Hauben aus Leinenstoffen sind »abgenäht« und teilweise mit Spitzen verziert; eine damastene hat einen »Sammetstrich«, eine Art Paspoll aus diesem Stoff. Die »chagrinenen« werden häufiger. Eine »sammetine Zughaub mit goldenem Spitz« gehörte der Frau Pfarrer. Ein »Köpflinsschlayer« ist noch genannt.
1780–1800:	Barchent- und Florhauben in Schwarz, Weiß und »gedupft« aus Damast, Merlin, Flor, Mousselin, Crepp, Seide, Kattun und »abgenähter« Seide. Die Barchenthauben sind gleich in mehreren Dutzenden genannt, außerdem »ein Fliegensack« (?).
1800–1820:	Florhauben und Fliegensäcke in Schwarz, Weiß, Grau, aus Chagrin, Crepp, Taft, Halbseide, Damast, Kattun, Zitz und Mousselin; teilweise »gescheckt«, gestreift oder geblümt.
1820–1840:	Bändel-, Mohren- und Merlinhauben. Ein »spitzes Beurener Häuble«. Eine »Separatisten-Haube« (aus der Ebinger Gegend) in Schwarz, die weißen sind kaum mehr genannt. Das Material ist Crepp, Seide, Halbseide, Zitz, Kattun

und »Stoff«. Die »chagrinenen« sind noch immer verzeichnet.

1840–1860: Flor-, Bändel- und Bandhauben. Hohe Florhauben. Spitze Bandhauben in Schwarz aus Flor und Stoff. Merlin kommt nur noch bei alten Frauen vor.

1860–1880: Bändel-, Flor-, Stell- oder Rollhauben (diese verdrängte die Mohrenhaube) in Schwarz, meistens aus Taftbändern hergestellt; hinten mit »gestochenem Samtfleck« zum Abendmahl und mit Stahlplättchen-Verzierungen zu Festtagen. Kopftücher für den Werktag.

1880–1900: Band-, Stell- und Rollhauben. Spitze Bändelhauben, hinten »Berelesfleck«. Zur Trauer kleinere Zacken an den Bändern, Woll- und später »Chenille-Häuble«.

Katholische Orte

1750–1770: Weiße einfache, abgenähte und geblümte Hauben. Blaue Damasthauben. Solche »von allerhand Farben« in Seide, Taft, Kattun, Zughauben in Weiß.

1770–1790: Damast-, Schleier- und dicke Hauben in Schwarz, Blau und Weiß, aus Damast und weißen Schleierstoffen.

1790–1810: Offene Hauben mit silbernem Spitz. Weiße Drahthauben. Blaue Ohrenhauben, aus Seide, Taft, Kattun und Crepp und geblümtem weißen Wäschestoff.

1810–1830: Gimpthauben in Schwarz mit goldenen Borten. Gold- und silbergestickte Hau-

	ben. Schwarze, blaue und rote Damasthauben. Borten- und Samthauben. Die Farben sind Schwarz, Blau, Rot, Gold, Silber, Weiß und »Mohren«.
1830–1850:	Gimpt-, Draht-, Ohren- und Spitzhauben in Schwarz, Silber, Gold, Blau und mit »gelben Bletzen« aus Silberstoff und bei Reichen aus Goldstoff. »Hohe Hauben«. Die Gimpthauben aus goldumsponnenen Schnüren wurden auch »Ehinger Hauben« genannt.
1850–1870:	Sommer-, Winter-, Bödeles- und Hütleshauben in Gold und Silber, Braun, Blau, Rot und Grün mit Gold- und Silberstikkerei. Die ersten städtischen Hüte werden getragen. Die »Hütleshaub« ist ein Mittelding zwischen Hut und Haube. Seidene Netze kommen auf.

Der »Dreispitz« und andere Männerhüte

»Der mit der Zipfelkapp,
Der hot koi Geld im Sack,
Der mit 'm ronda Hut,
Der hot Geld g'nug!«

Dieses Tanzverschen von der Ulmer Alb sagt deutlicher als alle Erklärungen, wieviel ein Hut signalisieren kann: vor allem den Umfang des Geldbeutels. »Der mit der Zipfelkapp« bezeichnet den armen Weber aus der Gegend zwischen Laichingen und Münsingen. Der andere mit dem runden Hut ist einer der wohlhabenden Bauern von der fruchtbaren Ulmer Alb. Beide trafen sich vielleicht in

Laichingen auf dem Markt oder bei den »sauren Kutteln« im Wirtshaus und freuten sich keineswegs ihrer besonderen vielfältigen Kennzeichen, sondern fügten sich in die Hierarchie der sozialen Unterschiede, die in ihrem Äußeren zum Ausdruck kam. Die männlichen Kopfbedeckungen, von denen hier die Rede sein soll, sind nicht ganz so zahlreich wie die der Frauen, was keineswegs mit weniger entwickelter Eitelkeit zu tun hat. Am häufigsten ist der berühmte württembergische Dreispitz erwähnt, der »dreieckige Hut«, der einmal mit der Breitseite, das andere Mal mit der schmalen Seite nach vorn, einmal aufgebunden, einmal mit der herabgeschlagenen Krempe nach links oder rechts getragen werden konnte. Er ist zweifellos beim Militär, bei den Uniformen der Franzosen und des eigenen Heeres, abgeguckt worden. Dies hatte keine Kleiderordnung verhindern können.
Der Trachtenforscher Friedrich Hottenroth umreißt die Universalität dieser männlichen Kopfbedeckung sogar folgendermaßen: »Wo das Reich des Dreimasters beginnt, beginnt die schwäbische Volkstracht.« In unseren Inventuren beginnt dieses »Reich« vereinzelt um 1750 in evangelischen Dörfern, erweitert sich dann ständig bis etwa 1810, als auch katholische Bauern in Zwiefalten den Dreispitz tragen – 1804 sogar ein »Jesuitenbruder« aus Baach –, um dann bis 1850 langsam wieder zu verschwinden. In der Zeit von 1810 bis 1830 scheint tatsächlich fast jeder männliche Bewohner der ländlichen Gebiete einen solchen Schaufelhut besessen zu haben; offenbar trugen sie ihn auch zur Arbeit, wie man aus Abbildungen ersehen kann, auf denen die Bauern auch auf dem Feld mit dem Dreispitz geschmückt sind, obwohl er verhältnismäßig schwer war. Offenbar regierte der bäuerliche Grundsatz, daß in erster Linie der Kopf vor dem Wind geschützt werden müsse, während anderen Körperteilen ein kräftiger Luftzug

weniger anhabe. In erster Linie war der Dreispitz wohl eine Art Wahrzeichen des evangelischen Altwürttembergers, obwohl auch Katholiken und Männer aus den Ulmer Dörfern einen solchen trugen. Später, als die Mode ausklang, galt er bald als »Hut der Scherenschleifer« – nach und nach ist er in der sozialen Stufenleiter abgesunken, Mittel der Abgrenzung aber immer noch geblieben: Der »runde Hut« läuft indessen nebenher; er wurde hauptsächlich in Oberschwaben getragen und war dort das Wahrzeichen der Wohlhabenden, wie das berühmte Pflug-Gemälde vom neuwürttembergischen Fallehenbauern und altwürttembergischen Grundbesitzer ausweist. Vereinzelt kommt er auch in unserem Beobachtungsgebiet vor. Was trug der Bauer außerdem? Als wärmendes Winterstück war die »Brämkappe« (von verbrämen = mit Pelz besetzen) wichtig, die aus Otterfell schon 1690 erwähnt ist. Sie reicht, in verschiedenen Variationen, bis ins 20. Jahrhundert, als noch die Laichinger Bauernbuben bei großer Kälte solche Otterfellmützen trugen. Das »Bräm« konnte aber auch aus Marder-, Fuchs- oder Hasenfell sowie aus Krimmer sein, während der Boden am Oberkopf fast immer aus rotem oder grünem Samt bestand. Um 1710 ist eine »neue Belzkapp mit Marder-Bräm uff Bauren-Manier« erwähnt – das maskuline Gegenstück zum weiblichen »Bauren-Schlayer« erscheint hier wieder als ein Unterscheidungsmerkmal des Bauernstandes, eine Betonung, daß es diese »Manier« sonst nicht gäbe. Es scheint uns, als sei zu Beginn des 18. Jahrhunderts das bäuerliche Selbstbewußtsein deutlich gestärkt worden.

»Kappenmacher« gab es bis in unsere Zeit hinein in vielen Dörfern. Sie fertigten auch die Sommermützen aus Kalbs- oder Corduanleder, die viele Männer besaßen und von denen sie sich nur ungern trennten: Ein Mann ohne

»Kapp« war einfach kein Mann. Wie wichtig war dem Dorfbüttel seine Polizeimütze. Ohne sie konnte er gar nicht in Funktion treten, nicht ausschellen, keine Landstreicher aufgreifen – die »Kapp« symbolisierte das ganze Amt. Oft genug war sie auch Träger wichtiger Schriftstücke. Zwischen Futter und Oberstoff waren sie, in der Nähe des Gehirns, durchaus gut verwahrt und bekamen jenen bürokratischen Schweißgeruch, den auch der Archivar von heute noch manchmal mitbekommt. Hut- oder kappenlos herumzulaufen, war jedenfalls eine Schande, kein »gestandener« Mann konnte sich das leisten. Heute hat sich die Vorstellung vom Standessymbol nach abwärts verlagert, unter die Sitzfläche – das Auto repräsentiert den, der Amt und Würden innehat.
Hüte sind, mit gelegentlicher Ausnahme des Dreispitz, wohl immer für den Sonntag, für den Kirchenbesuch, wie auch für den Gang zum Rathaus reserviert gewesen. Es gibt sogar eine württembergische Verordnung, wonach der Dreispitz zum Gang »vor Amt« mit der Breitseite nach vorn getragen werden müsse – er war ein Teil der Amtshandlung! In den Inventaren ist 1690 ein »hoher Hut« verzeichnet, 1710 ein »Hut mit Flor«, 1750 eine barocke Form »mit Silberschnall und Borte« bei einem Wirt. August Heckel erwähnt in der »Geschichte der Stadt Langenau« die viereckige silberne Hutschnalle in Filigranarbeit, die auf einem leicht vergoldeten Kupferblech befestigt und am Dreispitzhut angenäht war. Die Schnalle der Seldner (Kleinbauern) war kleiner und hatte Zwetschgenform! 1830 erscheinen in unserem Beobachtungsgebiet »seidene« Hüte und um 1870 die ersten schwarzen Filzhüte. Strohhüte für die Feldarbeit sind selten erwähnt, »weiße« Hüte nur in der Uracher Gegend. »Alte Monturhüte« sind ein Andenken aus der Militärzeit. Wichtig war, wir wissen es heute schon kaum mehr, das Abnehmen des

Hutes als Gruß dem Nächsten gegenüber oder beim Betreten einer Kirche. Einen seltsamen Brauch aus der Ulmer Gegend beschreibt uns Endriß in seinen »Kirchenvisitationen des 17. und 18. Jahrhunderts«. Dort nahmen die Angehörigen eines Verstorbenen ihre Hüte in der Kirche nicht ab und behielten sie auch – zum Ärgernis der Geistlichen – den ganzen Gottesdienst über auf.
Zipfel-, Zottel- und Pudelkappen scheinen eine Art Standeszeichen der Weber gewesen zu sein. Sie waren aus Baumwolle, Wolle, Plüsch oder Chenille gestrickt und trugen eine »Zottel« am oberen Ende, die seitlich herabfiel. Später verbesserten sich diese Webermützen insofern, als sie aus verstärkten, schwarz überzogenen Stoffteilen schildlos als feste, runde Kappen genäht waren. Sie hatten einen schwarzen, aber glänzenden Bortenbesatz und eine seitliche Quaste zur Verzierung. Weberkäpple, Deckelkäpple, auch »Saumägle« nannte man sie; sie wurden um 1950 noch vereinzelt getragen. Viele andere Hüte und Kappen sind in den Akten außerdem erwähnt: Nebel-, Schwaben-, Hirn-, Ohren-, Zottel-, Land-, Fuhrmanns-, Reise-, Russen-, Schmer-, Schild-, Dächles- und Glöckleskappen. Sie können in ihren Einzelheiten und Unterschieden gar nicht beschrieben werden. Zusammen mit den »Hambacher Hüten«, den »Wiener« und »Thüringer« Kappen zeigen sie jedoch, daß auch die sogenannte bäuerliche Tracht so einheitlich nicht war, wie sie oft dargestellt wird, daß es auch da viele Kombinationen und Unterschiede gab und daß ausdrücklich die Zugehörigkeit zu einer sozialen Gruppe, zu einer Landschaft oder zu einer politisch-weltanschaulichen Richtung schon mittels der Kopfbedeckung betont wurde. Vorstellungen von regional streng abgrenzbaren Kleidungsstilen bei der bäuerlichen Bevölkerung sind nicht haltbar: Es ist nicht auszuschließen, daß auch ein biederer Altwürttemberger

sich so ein Thüringer Käpple kaufen und tragen konnte, so wie die Frauen vom Ländle im 17. Jahrhundert leidenschaftlich gern die »Frankfurter Häubchen« trugen, was ihnen per Polizeiordnung, beziehungsweise Generalreskript von 1660 und 1664 verboten wurde.

Evangelisch – katholisch: Überschläge und Gimpen

Pietismus und Kleidung

Jede Art von Kleidung ist ein Indikator – man darf nur an heutige Jugendliche denken, die mit ausgefransten Jeans gegen die Wohlanständigkeit und den Reichtum ihrer Eltern protestieren und auf diese Weise die Zugehörigkeit zur Gruppe des Widerstands, und sei es nur des inneren, anzeigen wollen. Ähnliche Erscheinungen hat es zu allen Zeiten gegeben.

In unseren Inventuren fallen uns immer wieder Kleiderlisten auf, die merkwürdig nüchtern klingen, nur schwarze und dunkelgraue Farben melden, besonders bei Frauen. Da gibt es Frauenhauben aus dunklem Wollstoff und ebensolche Büble und Schürzen, kaum Bänder, keinen Taft, keine Seide oder Halbseide, kein rotes Mieder, beim Mann auch nicht die entsprechende Weste, alles ist ohne Glanz – ein blauer Schaffschurz ist schon das Munterste, was man als Mädchen in die Ehe bringt. Sehen wir in solchen Akten die Aufstellung der Bücher an, so zeigen lange Listen von Andachtsliteratur und später auch Missionsschriften, daß es sich wohl um eine Familie aus den für das alte Württemberg so typischen Stunden- und Gemeinschaftskreisen handeln muß.

Pietismus und Altwürttemberg bedingen sich fast schon. Bäuerliche Kreise waren besonders in diese Bewegung verstrickt, unter ihnen wieder mehr die sitzenden Berufe

24 *Arm und reich – die sozialen Unterschiede zwischen Fallehenbauer und Grundbesitzer spiegeln sich auch im Äußern wider.*

25 *Marktleben – verschiedene Interessen unter verschiedenen Hüten*

26 »Modisch« gekleidete Hausierer bringen neue Waren aufs Land; Ettlenschieß um 1829

27 *Laichinger Weber mit Blauhemd und Weberkäpple, 20. Jahrhundert*

28 Familie aus Laichingen, Anfang 20. Jahrhundert

29 Paar aus Laichingen

30 *Laichinger Bauernfamilie vor ihrem Strohdachhaus, Anfang 20. Jahrhundert*

31 *Laichinger Bauern im Blauhemd, 20. Jahrhundert*

32 *Familie aus Laichingen, 20. Jahrhundert. Die Frauen tragen noch das Büble mit den halblangen Ärmeln.*

wie Stricker, Weber, Schuhmacher, die zwar alle auch ein wenig Landwirtschaft betrieben, bei ihrer Heimarbeit aber doch mehr Gelegenheit zum Sinnieren hatten als die Vollbauern, die auch wesentlich weniger Andachtsliteratur ihr eigen nannten. Es waren große und gewagte Sprünge, die da zwischen vorder- und hintergründiger Religiosität unternommen wurden. Der Landmann hat keine Beziehung zum Abstrakten, kann sie vom Beruf her auch kaum haben. So lag die Gefahr einer allzu großen Konkretisierung religiöser Vorstellungen immer nahe. Aber fromm waren sie, auf ihre ganz eigene Art. Und da sie oft ungeheuer arm waren, stellte das ewige Leben ihre einzige Hoffnung dar. Das Diesseits war eine Art Maulwurfsröhre, die es zu durchwandern galt, so brav und so asketisch wie möglich, um dereinst im großen Licht einen Vorzugsplatz zu erringen.

Manche Pietisten verkauften sogar ihre Sonntagskleider, um den Höchsten an seinem Tag nicht durch übermäßige Eitelkeit zu verärgern. Diese Haltung hat zweifellos in Altwürttemberg zu einer Veränderung der Tracht ins Dunkle, Weltabgewandte beigetragen, selbst bei nichtpietistischen Nachbarn, die gegen soviel Bravheit nun auch nicht aufmucken wollten. Wir erleben auch in gemischt konfessionellen Gebieten, daß Leute der kleineren Gruppe sich denen der größeren anpassen.

Dies war jedoch nur in Altwürttemberg so. Im benachbarten Ulmer Gebiet war der Pietismus untersagt. Daß es um 1700 im Ulmer Herrschaftsort Gingen drei Pietisten gegeben haben soll, stellt der Rat der Reichsstadt mit Mißfallen fest. Man forscht nach, wo sie sich »angesteckt« haben könnten und behandelt sie auch, als seien sie gefährlich Kranke. »Es wolle mit dieser Sekte je länger je mehr ein gefährliches Aussehen gewinnen, indem sie unter dem Schein, Pietät zu pflanzen, unterschiedliche Dogmata zu

kränken anfangen, wie man aus ihren schädlichen Schriften ohne Mühe erweisen könne« – so konnte man vom Rat vernehmen.
Die konfessionelle Grenze läuft mitten durch unser Beobachtungsgebiet; auf dem Laichinger Markt trafen sich »sotte und sotte«, dem Kundigen leicht erkennbar bis ins 20. Jahrhundert hinein. Auf der einen Seite die reichen, großzügigen Vertreter einer Reichsstadt, deren Frauen um 1702 schon Rouge auflegten (was man in Stuttgart mit Schaudern registrierte) und deren Rat weder Hexenverbrennungen, Pietismus, Kirchenkonvente duldete; auf der anderen die armen Weberlein und ihre Frauen von der steinigen Hochalb, denen die absolutistischen Landesfürsten den letzten Steuergroschen abgepreßt hatten, denen Andreae eine Kirchenzucht auferlegt hatte, die jeden Fluch und jeden falschen Blick schon verurteilt und unter der Fuchtel bezahlter Aufpasser bestrafte. Die Ulmer, meist körperlich kräftiger, waren wohlhabender gekleidet. Die Frauen trugen den Samtbesatz am unteren Rocksaum breiter, was schon ein festes Kennzeichen war: wer lang hat, läßt lang hängen. Sie trugen ferner »den Jacken«, einen Nachfolger des »Büble«, ein in der Taille fest anliegendes und auch auswattiertes Oberteil der weiblichen Tracht, das die Figur betonte. »Was Gott et geit, geit d'Nähere« sagt man auf der Ulmer Alb. Auch die Männer zeigten ihre Silberknöpfe an der Weste, ihre prächtigen metallbeschlagenen Pfeifenköpfe und ihre dicken »Erbsenketten« an den Taschenuhren. Sie »stellten etwas dar«, wenn sie die armen Weberlein aus der Laichinger Gegend im Wirtshaus abholten, die sich ihnen dort als Erntehelfer verdingt hatten. Dagegen wirkten die Leute aus den Dörfern mit pietistischem Gemeinschaftswesen zarter, mägerer und einfacher gekleidet. Für ihren Glaubensvater Hahn war die Ehe schon sündhaft, Ledigbleiben und

Entsagen aller »Fleischeslust« auf jeden Fall besser; jeder Reiz des anderen Geschlechts mußte vermieden werden. Dies drückt sich in der Tracht durch bestmögliche Verhüllung aus. Die weibliche Brust sollte gar nicht erkennbar werden. Man hatte einen brettartigen Schnitt für das Vorderteil des Mieders erfunden. »Mir hent s'Herz z'semmadrucka müssa« sagen die alten Frauen heute noch. Auf das Stillen der Säuglinge wirkte sich dieser fromme Schnitt sehr nachteilig aus, aber danach fragte man damals nicht. Im Altwürttembergischen hat sich auch das »Büble« länger erhalten. Noch weit bis ins 20. Jahrhundert hinein trug man in der Laichinger Gegend diese losen Jacken, die die Figur eher verhüllten als zeigten. Natürlich gab es dort auch keine spezielle Tracht für den Tanz. Tanzen galt als Sünde und war höchstens an den »drei Montagen« im Jahr, am Oster-, Pfingst- und Kirchweihmontag unter Zensur gestattet. Manche Gemeinden haben es auch fertig gebracht, Tanzveranstaltungen im Sinne des »Cöthnischen« Gesangbuches ganz zu verbieten, das in vielen Pietistenfamilien verbreitet war:

»Du eilst zum Tanz, dir hüpft das Herz,
Du springst mit deinen leichten Füßen –
Indessen muß dein Heiland büßen.«

Dies hatte zur Folge, daß es höchstens eine züchtige »Tanztracht« mit flachem Mieder und um den Hals hochgeschlossenem Kräglein gab. Wenn in unserer Zeit Volkstanzgruppen eine schwäbische oder gar württembergische Tanztracht kreieren, damit herumreisen und alte Volkstänze zeigen, so bleibt ihnen das zwar unbenommen, aber historisch nachempfunden ist es keineswegs. Von den Separatisten, der wohl strengsten Gruppe unter den Pietisten, die sich ganz als Urchristen verstanden und sich von der Kirche absonderten, ist berichtet, daß die

Männer spitze weiße Hüte trugen und sich lange Bärte wachsen ließen; der Vorsitzende der Gemeinschaft hatte Anspruch auf den längsten. Die Frauen gingen natürlich schwarz und hatten dazuhin noch besonders große schwarze Hauben auf. Nur der Stern, den sie als Zeichen ihrer Erweckung trugen, war aus Pappdeckel, mit roter Seide überzogen und mit bunten Spitzen besetzt – aber nicht als Schmuck, sondern mehr als Signum und Abzeichen gedacht. Die Frauen trugen ihn an der Brust, die Männer auf dem Hut. Die übergroßen, schwarzen Frauenhauben haben vielleicht heute noch Nachfahren: Bei pietistischen Beerdigungen kann man eine besondere Sorte schwarzer Pelz- oder Wollmützen sehen, die nicht nur bei kalter Witterung, sondern allgemein als Erkennungszeichen getragen werden. Das Haar muß dabei bedeckt sein. In der Pietistenkolonie Korntal bestellte man eine besondere Art von grauem Lüsterstoff en bloc und ließ sich daraus ein christliches Einheitskleid machen. Man muß es dahingestellt sein lassen, ob nicht auch in allzu großer Bescheidenheit eine Art Eitelkeit liegt – es scheint doch sehr wichtig gewesen zu sein, die Zugehörigkeit zu den Frommen und Erweckten auch äußerlich zu dokumentieren.

Es änderte nicht viel, als die württembergische Grenze von 1806 bis 1810 neu gezogen wurde, niemand zog sich deswegen anders an. Weltanschaulich-religiöse Grenzen sind viel eindringlicher als staatliche, und man muß sehr vorsichtig sein, die Tracht den letzteren zuzuweisen. Württemberg ist in diesem Falle nicht gleich Württemberg, die Vergangenheit hat auch die Zukunft geprägt; was die Obrigkeit von einst ihren Untertanen eingehämmert hatte, vergaßen diese nicht so schnell.

Katholische Dörfer

Von den 82 Gemeinden unseres Beobachtungsgebietes sind 26 katholisch. Das bedeutet, daß sie vor dem Anschluß an Württemberg entweder ehemalige Klostergemeinden waren, wie die Orte um das Kloster Zwiefalten, die einst ein zusammenhängendes Territorium von 23 Dörfern bildeten, oder zu Churbayern gehörten, wie die Herrschaft Wiesensteig, oder einer Einzelherrschaft unterstanden, die die Reformation nicht angenommen hatte, wie Gundelfingen und Bichishausen im Lautertal. Ennabeuren und Magolsheim sind gemischt konfessionell, weil Württemberg nur Teile dieser Orte besaß und sie reformierte, während der Rest katholisch blieb.
Alle diese katholischen Orte sind erst mit der großen Aneignungsaktion 1806 an Württemberg gekommen. Für unsere Untersuchung heißt das, die Inventurakten beginnen erst von diesem Zeitpunkt an, weil die vorhergehenden Herrschaften nichts darüber aufschreiben ließen. Es läßt sich somit über die katholische Tracht des 16. und 17. Jahrhunderts fast nichts aussagen. Einige Zufallstreffer in dieser Hinsicht gibt es, etwa aus paritätischen Dörfern, wo die Inventuren der Katholiken mitgeführt wurden; diese stammen aber erst aus dem 18. Jahrhundert. Wahrscheinlich war die frühe katholische Tracht der protestantischen ziemlich ähnlich; das rote Wollhemd beispielsweise trug man allgemein, um, wie wir schon sagten, mehr den Stand zu betonen als die Konfession. Einzelnen Aussagen in Heimatbüchern nach zu urteilen, muß es deutlichere Unterschiede gegeben haben: mehrfach sind die blauen Strümpfe der Frauen angeführt, die ein »Wahrzeichen« der Katholiken gewesen seien, während die Protestantinnen nur schwarze getragen hätten. In den Inventuren bestätigt sich diese Behauptung nicht, danach trugen

Männer häufiger blaue Strümpfe als die Frauen, und auch bei Katholikinnen findet man oft schwarze sowie rote, weiße, braune und graue. Ein Prinzip läßt sich also kaum aufstellen. Und wenn es tatsächlich einmal eine feste Regel in dieser Hinsicht gegeben hat, dann galt sie nur für eine begrenzte Zeit; nach 20 oder 30 Jahren löste sie sich meistens wieder auf.

Eine einheitliche katholische Tracht im Land Württemberg hat es natürlich nie gegeben. Die Inventurlisten aus dem 19. Jahrhundert zeigen große Unterschiede, sogar jeweils innerhalb dieser 26 Dörfer. Findet man um Zwiefalten eine bunte und glanzvolle Frauentracht mit gelben Röcken, roten Taftschürzen, Goldborten und blauen Damasthauben, so zeigt sich Wiesensteig völlig »protestantisch« mit dem dunklen Wollrock, der am roten Mieder angenäht ist, dem »Büble« und der kleinen, spitzigen schwarzen Tafthaube. Wenn die Heimatbuchverfasser also schreiben, die katholische Tracht sei »durchweg« bunter und pompöser gewesen als die evangelische, so stimmt auch das nur teilweise – bei den Leuten vom Geißentäle beispielsweise trifft es nicht zu. Kam es daher, daß sie viel in die evangelischen Alborte gingen, um dort zu hausieren? Wollten sie dabei nicht auffallen, nicht irgendwie vornehmer, eleganter auftreten? Hätte man ihnen dann so noch ihre Armut geglaubt und ihnen etwas abgekauft? Wir können nur Vermutungen anstellen.

Auch in den paritätischen Dörfern hat man sich offenbar einander angepaßt. Der Unterschied zwischen katholischen und evangelischen Inventuren ist nicht so gravierend, wie es manchmal zu lesen steht, mit Ausnahme vielleicht der besagten blauen Strümpfe und eines katholischen Schulmeisters, der 1755 einen »weißtüchenen Rock mit schwarzen Aufschlägen« besaß, außerdem einen »silberfarbenen, schwarz ausgenähten mit dgl. Camisol« – für einen Lehrer von damals eindeutig eine Ausnahme. Er muß reiche Eltern gehabt haben, denn er bringt außer einem »Meerrohr« noch sieben Kinder mit auf die Liste. Blaue Strümpfe finden sich in unsrer Auswahl von Inventuren im 18. Jahrhundert nur bei katholischen Männern. In dem gemischt-konfessionellen Dorf Magolsheim zum Beispiel scheint man sich angeglichen zu haben; die Kleiderlisten beider Konfessionen zeigen fast keine Unterschiede, die Grundstruktur der Kleidung ist dieselbe. Das gleiche im Ulmer Land: Einem Diebstahl im katholischen Ort Rammingen bei Langenau fallen 1847 dieselben bäuerlichen Kleidungsstücke zum Opfer, wie sie auch in den umliegenden evangelischen Orten angetroffen werden konnten.

Einige wenige Unterschiede treten allerdings klar hervor. Einmal bei den Frauenhauben – Kopfbedeckungen zeigen ja sehr oft die eigentlichen Besonderheiten. Offenbar sollten sie die Zugehörigkeit zu einem bestimmten Klostergebiet ausweisen. Eine blaue Damasthaube hat fast jede Frau in den Gemeinden Zwiefalten, Baach, Hochberg, Sonderbuch, Gauingen, Gossenzugen und Upflamör besessen. Sogar die Köchin der Zwiefalter Mönche nannte eine solche ihr eigen. Weil es sich jeweils nur um eine handelt, war sie wahrscheinlich für den Kirchgang gedacht. Die Lautertalgemeinden Gundelfingen, Bichishausen, Indelhausen dagegen waren mehr nach Ehingen hin orientiert, das vorderösterreichisch war. Sie trugen die Gemp- oder Gimpthaube, auch Ehinger Haube genannt, die »reich mit Gold und Silber gestickt« sein und eine radförmige Kranzeinfassung haben mußte.

Gimpen sind scharf gedrehte Zwirne aus mehreren Baumwollfäden, die, mit Metalldrähten umwickelt und zu Mustern dicht zusammengelegt, prächtige Haubenböden ergeben (1841 gab es in Württemberg acht Gimpenstrikker). Bei der Gimpthaube handelt es sich um eine kleinere, ländliche Form der berühmten Radhaube, die in ihrer groß ausgebauten Form in den Städten des Donaugebiets, Oberschwabens, des Bodensees bis in die Schweiz hinein üblich war. In Bayrisch Schwaben hieß sie auch Reginahaube. Die obenerwähnte Kümmerform scheint es hauptsächlich um das Kloster Obermarchtal her gegeben zu haben.

Im ebenfalls katholischen Hohenstadt auf der Hochalb oberhalb Geislingen finden wir wieder eine ganz andere Art von Hauben. Dort ist 1846 eine »schwarz gemodelte Haube mit Spitzengrund und blauschwarzem Seidenspitz nebst schwarzen Atlasbändern« gemeldet, außerdem braun gestrickte Wollhauben. Später vollzieht sich dann ein rasches Übergehen zur allgemeinen städtischen Kleidung mit Haarnetzen, Schals, Tibetkleidern, »Zeugstiefele« und der »Hütleshaub«, die schon eine Art von Übergangsform bedeutet. Zusammenfassend läßt sich sagen, daß alle katholischen Orte in unserem Gebiet die bäuerliche Tracht früher abgelegt haben als die evangelischen.

Eine Selbstverständlichkeit im katholischen Bauernhaus war natürlich das Vorhandensein einer oder mehrerer Rosenkränze. »Augstein-Paternoster«, »Pommeranzen-Nuster«, »Kreuz-Anhänger« und Rosenkränze, die »Goccus« und »Jerusalemer« hießen, sind weitere Devotionalien. Persönlichen Schmuck und Fingerringe gab es im 18. Jahrhundert zweifelsohne mehr als im protestantischen Württemberg, wo man ja an eine Kleiderordnung gebunden war, die Gold und Silber in der untersten Bevölkerungsschicht nicht gestattete. Daß man solche Beschränkungen beim Kloster Zwiefalten nicht kannte, wird aus der sprudelnden Fülle der Farben und Formen offenbar, die den braven Württemberger zweifellos etwas erschreckt hätte. Die Farbe Rot beschränkte sich dort nicht auf ein Westle oder Miederle, sondern es gab rote Wollröcke, Taftschürzen und Tafthauben, was zusammen mit den Goldborten gewiß dekorativ wirkte. Zu den blauen Damasthauben wurden ebensolche Mieder und goldgelbe Schürzen getragen. Braunrote, rötliche, violette Töne erinnern an die Meßgewänder der Priester, es wurden auch mehr Spitzenbesätze verwendet als in Württemberg. Die Schnittformen waren üppig und weitfallend. Gespart wurde kaum und verhüllt wohl auch nicht viel, wenn wir den Pflugschen Trachtenbildern Glauben schenken wollen, die einiges von der katholischen Tracht dieser Zeit abbilden. Hier hat der Barockstil große Triumphe gefeiert: Das Fehlen von Verboten zeitigte prächtigere Trachtenformen. Allerdings war in vielen Orten die Armut Fessel genug; man besaß keineswegs mehr an Kleidern als in Württemberg, nur das Einzelstück war prächtiger, aber das mußte meistens auch ein ganzes Leben lang herhalten. In der Zwiefalter Gegend gab es auffallend viele nach 1806 eingeführte Kirchenkonvente, die sich hier in erster Linie mit den drängenden Problemen der bedürftigen Leute beschäftigten, die in den dortigen Armenhäusern ihr Leben fristeten.

Pfarrersleute

Die Inventurakten der württembergischen Landpfarrer stellen eine kulturgeschichtliche Quelle ersten Ranges dar. Wie diese Geistlichen mit ihren Familien lebten, was sie an Kleidern, Möbeln, Hausrat, Eßgeschirr, Vorräten, Tisch- und Bettwäsche und besonders an Büchern besaßen, welche Bar- und Naturaleinkünfte sie hatten und wie ihr Zusammenleben mit den Dorfleuten aussah, wie sie die vielen Kriege überstanden und wie sie dann, im Zuge der Aufklärung, die Ärmel aufkrempelten und anhand von landwirtschaftlichen Versuchen, durch Einführung neuen Saatguts und mittels Obstbauexperimenten auf eigenen Grundstücken den Bauern auch durch eigenes Handanlegen wirtschaftlich halfen, das wäre schon eine besondere Beschreibung wert.

Die Kleider sind gewiß nebensächliches Gebiet im Vergleich zu allen anderen Leistungen der dörflichen Seelenhirten. Aber auch Bagatellen sagen hier einiges aus. Es ist uns wichtig, die Bauerninventuren mit denen der um einige Standesklassen höher rangierenden Geistlichen zu vergleichen.

Dabei läßt sich feststellen, daß der Unterschied, je mehr wir ins 17. Jahrhundert zurückstoßen, gar nicht so groß war. Mit anderen Worten: Die bäuerliche Tracht war damals noch gar nicht so klar von der städtischen oder bürgerlichen getrennt, wie das dann im 19. Jahrhundert der Fall war.

Einige Dinge waren natürlich verschieden, besonders bei den Männern. Ein Pfarrer mußte seinen Stand repräsentieren, auch nach außen hin. Er trug viel Schwarz, keine Lederhose und nie eine rote Weste. Diese war ja mit das erste Wahrzeichen des bäuerlichen Standes. Auch Schulmeister trugen sie nicht, wenn sie nicht geradewegs von einem Bauernhof kamen, was jedoch nur selten der Fall war. Aber Kniehosen trug auch der Pfarrer. Lange Hosen, wie sie heute modern sind, kamen erst gegen Ende des 18. Jahrhunderts auf. »... kurze Hosen, seidene Strümpfe, einen chapeau-bas-Hut, ein Mäntelchen über dem Rock und zwei weiße Zipfelchen am Hals, Überschläge genannt, Schuhe mit silbernen Schnallen und keinen Bart«, so beschreibt der Satiriker Griesinger in seinen »Humoristischen Bildern aus Schwaben« die Theologen.

Landpfarrer indessen waren in Wirklichkeit etwas solider gekleidet. Ihre Strümpfe waren aus weißer oder schwarzer Wolle, ihre Hosen aus Tuch, Manchester oder, falls die Kinderzahl hoch war, auch aus schwarz gefärbtem Barchent. Einen »schwarzen Kirchenrock« besaß natürlich jeder Geistliche wie auch die schon erwähnten »Überschläge«, oft eine Art Symbol des württembergischen Pfarrstandes. Diese gestärkten Kragenenden aus weißem Wäschestoff trugen freilich damals auch Schultheißen, Gemeinderäte und Heiligenpfleger, alle Männer, die ein öffentliches Amt bekleideten. Vermutlich haben die Geistlichen auch den Dreispitz getragen, mindestens in der Zeit, als er noch Mode war. Manches Neue an Stoffen und Schnittformen ist bei den aus der Stadt kommenden Pfarrfamilien früher vorhanden als bei den Bauern. Auch der ominöse Kattun war im Pfarrhaus schon da, als sich die Dörfler noch dagegen sträubten. Beim Manchestersamt, den sie heute noch lieben, war es ähnlich.

Tafelsilber, Bestecke aus Edelmetall, »Trinkschifflein«, Tabaksdosen und Schmuck jeder Art blieben eindeutig dem Pfarrhaus vorbehalten bis zum Ende des 18. Jahrhunderts. Gold und Silber war den Bauern verboten. Das bedeutet, daß »Dotengeltlin«, Taufmünzen, an Ketten getragen, sowie Nuster und Halsketten aus Granaten und Korallen, aber auch Wolfszähne aus Silber gefaßt, die gegen schweres Zahnen der Kleinkinder helfen sollten, ein Privileg höhergestellter Kreise waren und damit auch all der Aberglaube, der damit verbunden war. Man erhoffte sich Schutz vor allerlei Krankheiten. Der kleine Mann in Württemberg konnte solchen Aberglauben bis zum 18. Jahrhundert gar nicht pflegen. In katholischen Dörfern dagegen war manch ähnliches Stück im bäuerlichen Besitz. Es wundert einen nicht, daß der Aberglaube manchmal über die Grenze wechselte. Die Gmünder Goldschmiede, die später als Hausierer die Dörfer überschwemmten, haben sich diese Marktlücke bestens zu eigen gemacht: Sie verkauften Schmuck, Anhänger, Nuster, Freisketten mit angeblich abergläubischer Wirkung aus unedlen Metallen und Steinen.

Aber sehen wir uns einmal an, was die Tochter eines Sontheimer Pfarrers 1699 in die Ehe mit einem Feldstetter Wirtssohn einbrachte: u. a. ein Wiflingrock, ein »Belz mit roter B'legin«, ein rotes Mieder mit Schnüren, zwei Mutzen – der Ausdruck »Büble« scheint bäuerlichen Frauen vorbehalten –, Goller, Gollerbüblen, Bodenhauben, weiße Hauben und, was am meisten erstaunt, rote Strümpfe (s. Anhang S. 152). Diese Dinge waren also der Bauerntracht gar nicht allein vorbehalten, sie waren allgemein verbreitet. Die Grundstruktur der Ausstattung der Pfarrerstochter entsprach der bäuerlichen.

Die Kleiderordnungen sprechen auch nur von einer Sorte Kleid, die höchstens durch Borten, »B'legen«, Falten, Leisten und ähnliches abgewandelt werden kann; wenn es eine Bauerntracht im eigentlichen Sinne gegeben hätte, wäre sie erwähnt worden. Auch die 1747 in Feldstetten verstorbene Pfarrfrau hatte Zughauben, Florhauben, Schleier, Mieder, Schürzen, Hemden wie die Bäuerinnen auch; nur einige Spitzenbesätze weisen sie als Pfarrerin aus, die bei Landfrauen der damaligen Zeit nicht genannt sind (s. Anhang S. 151). Sogar einen »B'scheißer« hatte die Theologengattin, ein Hemd, dessen Ärmel zum Vorzeigen aus feinerem Stoff gearbeitet waren als das Rumpfstück, und das die Albbäuerinnen heute noch in der Truhe haben. Trachtenforscher apostrophieren gerade dieses Stück als typisch bäuerlich.

Was die geistlichen Herrn 1687 getragen haben, sagt uns ein Abschnitt aus der Cynosura ecclesiastica, einer kirchlichen Ordnung, die unter dem Administrator Friedrich

Karl, dem Vormund Eberhard Ludwigs, herausgegeben wurde:

»Sollen ... In Städten nicht grawe und weisse Strimpff tragen ... nit gar hohe Hüt / lange hinter sich gezogene unflätige Haar / dicke außgefasste Krägen / kurtze oder gar keine Magisterröcklein / ungestaltete und mit vilen Nesteln behenckte Hosen / Degen und Plauten wie die Soldaten an einem Band über die Achseln / Schuh mit hohen Absätzen und Rosen darauff tragen / noch nur in Hosen und Wammes auff dem Feld hin und wider gehen: Auch ihre Weiber nicht Sammete Spitz-Hüt / güldene Hauben / lange und geheffte Krägen und Kräserdrät / beltzene Fuchs-Mäntel / gantz silberne verguldte Gürtel / und andere von köstlichem / ihrem Stand gantz ungemässem Zeug gemachte Kleider tragen / An. 621. 7. Jun.

Ihre Weiber sollen an Sonn- und Festtägen / altem Herkommen nach / die Kirchen-Schauben wider tragen / sich hingegen der guldenen Hauben / gefärbten Strimpff / und langen Krägen bemüssigen / Anno 644. 11. Nov.

Sollen doch die Ihrige nicht also kleiden / daß kein Unterschid zwischen ihnen und den Bawren / Anno 90. 4. August.

Sollen sich in ihren Kleidungen etwas erbarer erzeigen / nicht so vagantisch daher ziehen / sondern der Ordnung und altem Herkommen gemäß / wider Magister-Röcklein / wie auch / da sie in Städten / sonderlich aber bey der Cantzley / oder sonsten zu Stuttgarten etwas zu verrichten / ihre Mäntel anhaben und tragen / und zu anderm ernstlichem Einsehen nicht Ursach geben / An. 641. 26. Jul. ...

Mögen beyneben wol kleine (aber nicht grosse). Uberschläg im Hauß / und wann sie auff ihre Pfarr- oder eigene Güter / oder sonsten in das Feld spatziren gehen / oder über Feld reisen / tragen / doch wann sie zur Kirchen und auff die Cantzel gehen / oder res facras traktiren ...«

Was die evangelischen Geistlichen tragen mußten, verordnete ein Königliches Rescript vom 29. 10. 1811:

»Sämmtliche Geistliche dieser Confession ohne Unterschied, nebst den Candidaten, sollen bei kirchlichen Verrichtungen und bei feierlichen Gelegenheiten den bisher eingeführten Kirchenrok, jedoch mit einem stehenden Kragen, und auf der Brust, statt der Haften, mit Knöpfen tragen.
Nur den Feldpredigern ist, wenn sie mit den Truppen ins Feld ziehen, das Tragen kurzer Mäntel gestattet.
Der Überschlag, welcher beibehalten wird, soll etwas länger seyn, als bisher.
Die Prälaten, so wie der Hofkaplan, tragen den Kirchenrok von Seide; die übrigen Geistliche von Wolle.
Zu dieser Kleidung wird ein Barret, und zwar von den Prälaten und dem Hofkaplan von Sammt, von den übrigen Geistlichen aber von Filz getragen. Die Haare dürfen nicht gekräuselt seyn, sie werden glatt getragen, am Hinterhaupte rund abgeschnitten, und reichen bis an das Ende des aufstehenden Kragens; Perücken sind zu tragen gestattet.
Zur ordinairen Kleidung, außer den geistlichen Funktionen und feierlichen Funktionen müssen entweder schwarze, oder graue, oder dunkelblaue Röke, bis auf die Mitte des Körpers zugeknöpft, und mit vierekigten gerade herunter geschnittenen Schößen getragen werden.
An den blauen oder grauen Röken müssen die Knöpfe ebenfalls schwarz seyn. Auch die Unterkleider sind schwarz.«

Hausierer, Marktleute und Landkrämer

Man spricht gern von der bodenständigen, alten Tracht – dieses Klischee läßt sich aber schon allein deshalb nicht halten, weil sich Stilformen aus verschiedenen Ecken Europas in ihr treffen. Wie aber steht es dann mit der Beschaffung des Materials, der Stoffe, Spitzen, Bänder? Die Kleiderordnungen haben die Bauern auf das Selbstverfertigte festgelegt, auch ihre große Armut zwang sie, möglichst wenig dazuzukaufen. Trotzdem gab es keinen »Einschlauf« – wie der Bauer sein Häs auch nannte – der nur aus selbsthergestelltem Material bestand, auch vor dem Dreißigjährigen Krieg nicht, einer Zeit, aus der man in den wenigen vorhandenen Inventuren Calwer Wollstoffe findet. Diese Stadt hatte bereits im 15. Jahrhundert einen starkbesuchten Wochen- und Jahrmarkt. Dort entstand 1650 die Calwer Handelskompagnie, die Beziehungen zu fast allen europäischen Staaten pflegte. Ehe Vasco da Gama den Seeweg nach Ostindien entdeckt hatte, führte der Handel zwischen Indien und dem Abendland über Süddeutschland, über Ulm, die Geislinger Steige und Cannstatt. Ulm war im internationalen Handel führend, viele Reichsstädte haben sich lebhaft daran beteiligt. Trotz des Gegensatzes zu Württemberg reichte ihr Einfluß weit ins Ländle hinein. Im 14. Jahrhundert schon brachten die Laichinger Weber ihre Leinwand zum Ulmer Markt. Diese Stadt war für sie Mittelpunkt, dort kauften und verkauften sie ebenso wie die Leute aus dem Oberland oder dem heutigen Bayern.

Innerhalb Württembergs »buk man kleinere Brötchen«, die Stände suchten Monopole und weltweite Handelsbeziehungen zu verhindern – dafür hausierte man gern. Schon »von jeher« sollen sich die Schwaben mit dem Hausierhandel abgegeben haben. Sebastian Münster meint in seiner Cosmographia 1628, daß »nicht nur Gewürtz / Seiden / Sammet und andere köstliche Waar / so über Meer her kompt«, von den Schwaben gehandelt werde, womit er den Handel der Reichsstädte meint, sondern »auch andere schlechte Ding / als Löffel, Sträl (Kämme, A. d. V.), Nadel, Spiegel / Messer / und andre kleine Ding, darvon sie trefflich reich werden«.
Das begann schon im 16. Jahrhundert mit den italienischen Kaminfegern, die aus Mailand nach Württemberg kamen und aus den Seidenmanufakturen jenseits der Alpen kostbare Samte und Brokate vermutlich »schwarz« über die Grenze brachten. Da sie im Land als Handwerker gern gesehen waren, drückte man wegen ihres Nebenerwerbs ein Auge zu. Sie durften schon 1522 ihre Waren auf die Jahrmärkte bringen. Nicht nur Bauern, sondern auch Hofleute kauften mit Begeisterung bei ihnen ein. Die württembergische Landordnung erläßt dann 1621 Verordnungen gegen »Außländische und frembde Krämer«, die »in allen Unsern Stätten und Flecken hin und wider webern« und »Unsere Underthonen unnötigerweiß anraitzen und umbs Geld bringen«. Im 18. und 19. Jahrhundert wird deutlicher unterschieden: Nun sind es »Neunkreuzerwaren« und billige Jakobe, gegen die man angeht. Ganz hat man die Hausierer nie ausrotten können. Heute noch weiß man vor allem von den Gönningern, Lützenhardtern, Deufstettern, Auendorfern, die durch die Lande gezogen sind und die schwäbischen Kleinkrämer weitum in Europa berühmt gemacht haben. Wir lächeln vielleicht ein bißchen über sie, aber in gewisser Weise sind

sie ländliche Kulturbringer. Oft wurden sämtliche Kleidungsstücke bei ihnen gekauft. So fand das bekannte »Mailänder Halstuch«, ein wertvolles und teures Seidenfabrikat, schon früh Eingang in die Tracht. Es wurde von Männern und Frauen getragen. Noch im 20. Jahrhundert konnte man die Laichinger Frauen damit in die Kirche gehen sehen. Natürlich kam es nicht mehr aus Italien, sondern inzwischen hatten inländische Manufakturen die Produktion übernommen, aber seinen Namen hat es beibehalten. Dieses Tuch wurde getragen, ehe der große Baumwolltüchles-Boom im 19. Jahrhundert hereinbrach, und hat sich darüber hinaus gehalten; es war fast zeitlos. Aus dem 19. Jahrhundert gibt es eine gute Quelle über den Hausierhandel in den Übernachtungsbüchern der dörflichen Gastwirtschaften. Nach einer Verordnung ums Jahr 1820 mußte dort jeder Nachtgast mit Namen und Gewerbe eingetragen werden. In den Verzeichnissen sind die Eninger Landkrämer am häufigsten registriert. Die Händler aus dieser berühmten Hausierergemeinde übten damals eine ähnliche Funktion aus, wie sie heute die Versandhäuser haben. Man bestellte und kaufte dort gesammelt alles, was man an Textilien brauchte. Und die Eninger hatten es auch: Leinwand, Leinengarn, Blauhemden, Strickwaren, Strümpfe, Seidenwaren, bunte Baumwolltüchle, Manchestersamt, außerdem Kurzwaren, Spitzen, die in Eningen teilweise selbst hergestellt wurden, und Bijouteriewaren, also Schmuck, den sie aus Gmünd, Pforzheim, Ulm und Heilbronn bezogen, wie sie auch viele ihrer Textilien aus den um 1830/40 in Württemberg anlaufenden mechanischen Spinnereien und Webereien kommen ließen. Jeder kannte diese tüchtigen und fleißigen Kleinkaufleute, man hatte Vertrauen zu ihnen und kaum Vorurteile. Auf den Jahrmärkten wurden ihnen besondere Standplätze eingeräumt, die man im Dorf bereits kannte.

Sie belieferten wohl auch die ersten im Dorf ansässigen Kaufläden, die es im 18. Jahrhundert schon vereinzelt gab. Anno 1736 findet man in Feldstetten einen »Crämer« namens Röcker. Seine Wohnstube diente zugleich als Laden, und er betrieb noch Landwirtschaft und Weberei nebenher. Seine Vorräte waren nah beieinander; sie nehmen in dem dicken Band der Inventur- und Teilungsprotokolle gerade eine halbe Seite ein; es handelt sich um 6 Ellen mittelmäßiges Tuch, 2 Ellen Baumwolle, »Faden, Spitz, Bändel und Seyden« für 36 Kreuzer insgesamt, Hosen- und »Hembdsknöpff« für 10 Kreuzer, »Tabacc« und solchen zum Schnupfen für 38 Kreuzer nebst 6 Tabaccs-Pfeifen, Lichter, Schmer, »Saiffen« und Unschlitt gab es für 52 Kreuzer, Pfeffer und Safran für 17 Kreuzer. Safran, mit Essig vermischt, schüttete der Viehhirt bei der ersten Ausfahrt seinen Tieren in die Nasenlöcher, um sie gegen Krankheit zu schützen. Außerdem führte der wackere Feldstetter Krämer noch Nadeln und Nägel für 17 Kreuzer und ein ganzes Pfund Zuckerkandel für 6 Kreuzer. Dieses eine Pfund kann, verteilt auf etwa 800 Einwohner, die Naschsucht nicht übermäßig gefördert haben, und auch Spitz, Seyden und Bändel erscheinen nicht in solcher Menge, daß sich die Dorfmädchen sonderlich herrichten konnten.

Indessen eröffnete der Schultheißensohn Johannes Bäumler anno 1765, etwa 30 Jahre später, schon einen massiveren Angriff auf die Ehrbarkeit der Dörfler. Er, der Nachfahre eines wandernden Kalenderhändlers, der die geistige Kost in den Bauernhäusern verbreitet hatte, eröffnete einen neuen Laden, der beträchtlich mehr von den Dingen enthielt, die der Pfarrer als »weltlichen Tand« bezeichnete. 22 Arten von »weißem Spitz« und 7 Sorten schwarzen, ganze Mengen von Litzen, Hauben, Hosenträgern, 136 Ellen Wiegenbändel (es muß viel kleine Älbler gegeben

haben damals). »Schniernestel«, Gollerbändel. »Preißnestel«, Brusttücher, »Schnupptücher«, Sammetborten, Haubenschnüre, Türkisch Garn, »Cameelgarn«, Schuhschnallen, Bomasin, roten und schwarzen Crepp. Camisolknöpf, Feuerstein, Faden und »Finger-Hüth«. Für das Do it yourself gab es Bleiweiß, Grün Spohn, Berliner Blau, Haußfarb, Bley Stiffte, Schnapp Meßer, Hakennägel, Eisen Drath; für die Raucher Holländer Tabacc, Rauch Tabacc, Pfeiffen und Mund-Stücklen, Pappier und Schreibtaffeln waren für die Schulkinder bestimmt, Gaißlen und Schnier für die Fuhrleute; die Hausfrauen konnten Nägelen, Pfeffer, Imber, Anis, Fenchel, Weinbeer, Zuckerbrodt und Fischlen kaufen; allerdings bestand auch Bäumlers Zukkervorrat nur in einem einzigen Pfund. Man konnte alles, von der Haube über den Hosenträger bis zu den Schuhschnallen, was uns heute so hübsch bäuerlich in den Heimatmuseen anlacht, bei den Landkrämern und Hausierern einkaufen! Die Landleute konnten auf die Gestaltung dieser Dinge keinen Einfluß nehmen, sie wurden schon früh von findigen Industriellen produziert, die wußten, was den Kunden gefällt und wofür diese ihr Geld hinlegen.
Nach den Übernachtungsbüchern handelten in unserem Beobachtungsgebiet zwischen 1820 und 1860:

Mit Hauben:	M. Hafenstetter aus Eningen
	M. Hummel aus Eningen
	D. Rall aus Eningen
	C. Köhler aus Gutenberg
	A. Haas aus Großengstingen
	J. Widmann aus Degerschlacht
	M. Walter aus Weißenstein
	C. Huch aus Metzingen
	B. Maier aus Tailfingen

	J. Auer aus Balingen
Mit Kappen:	G. Maier aus Tailfingen
	K. Lotterer aus Eningen
Mit Stoffen:	F. Kilgus aus Tischardt
	B. Erlanger aus Jebenhausen
	A. Rall aus Eningen
	J. Koch aus Eningen
	K. Kuster aus Starzeln
	J. Lände aus Ochsenwang
	F. Müller aus Oberjettingen
	E. Schmid aus Rottenacker
Mit Manchester-samt:	J. Göhner aus Öschingen/Rottenburg
Mit Halstüchern:	M. Schanz aus Tischardt
	M. Flad aus Killer
	D. Dolde aus Tischardt
	J. Grießhardt aus Setzingen/Ulm
	J. Grießer aus Dettingen/Heidenheim
	F. Kilgus aus Tischardt
	M. Seßler aus Kohlberg
	C. Pfundt aus Pfullingen
Mit Lederhosen:	K. Lotterer aus Eningen
	J. Ruoff aus Reutlingen
	H. Rall aus Eningen
Mit Hosen-trägern:	J. G. Werner aus Biberach
Mit Strümpfen:	M. Ammann aus Tailfingen
	M. Feßler aus Heslach
	C. Neher aus Meßstetten
	K. Welsch aus Wiesensteig
	J. Eisele aus Justingen
	B. Merz aus Tailfingen
	S. Eisele aus Hohenstadt
	A. Haas aus Großengstingen

33 *Bauer und Bäuerin in Arbeitskleidung beim Mistführen um 1900*

34 *Feuerwehrübung in Laichingen*

35 *Laichinger Frauen auf dem Weg ins Backhaus, 20. Jahrhundert*

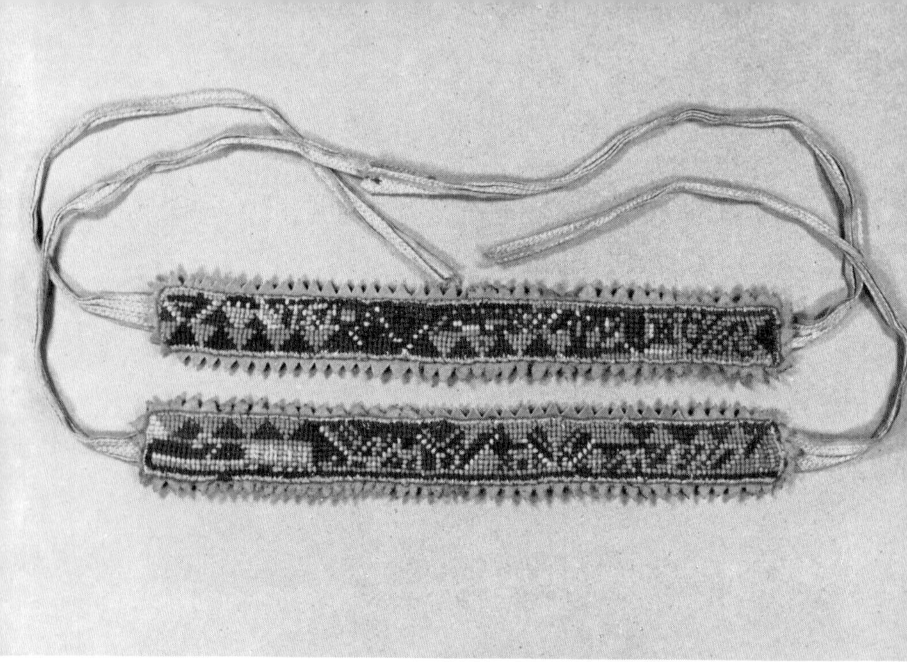

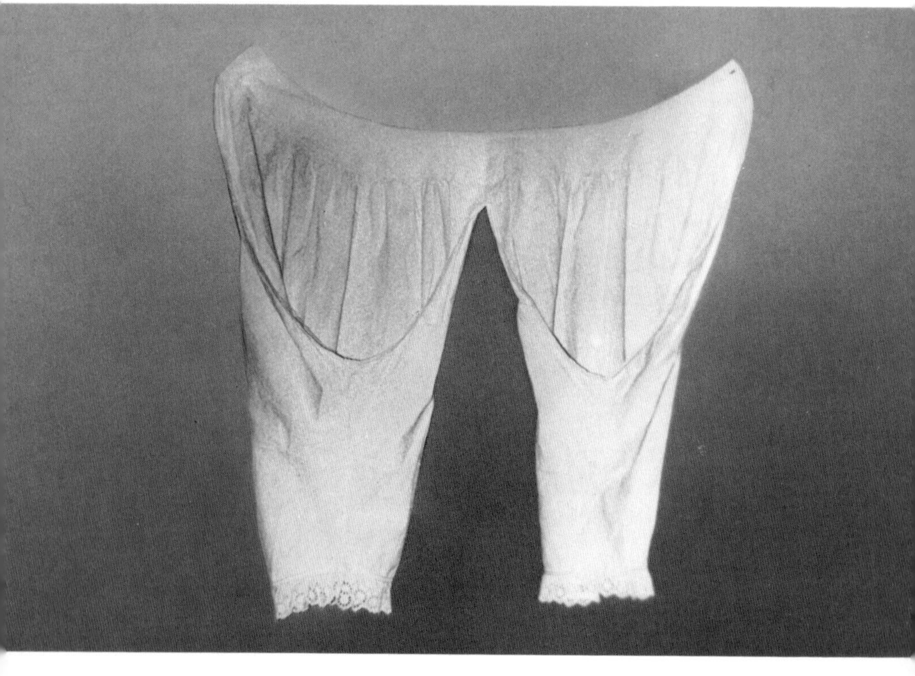

36 »Knieringle« – Strumpfbänder mit Kreuzstich-Stickerei um 1850
37 Unterwäsche anno dazumal: Erst Anfang 20. Jahrhundert trug die Frau zum Hemd die sog. Stehbrunzhose.

	L. Heuß aus Metzingen
	M. Walter aus Weißenstein
	C. Huch aus Metzingen
	B. Maier aus Tailfingen
	J. Auer aus Balingen
Mit Strickwaren:	M. Über aus Grafenberg
	M. Rinker aus Öschelbronn
	J. Lutz aus Tischardt
	B. Merz aus Tailfingen
	H. Heinzelmann aus Starzeln
	J. Maier aus Schloßberg
	G. Regner aus Donnstetten
Mit Borten und Bändern:	H. Hoffmann aus Eningen
	S. Eisele aus Hohenstadt
	J. Wurm aus Biberach
	J. Lutz aus Tischardt
	C. Schrade aus Rastatt
	A. Wagner aus Westerheim
	M. Jäger aus Eningen
	M. Havenstetter aus Eningen
	S. Braun aus Tiefenbach
	S. Weber aus Gundershofen
Mit Seidenwaren:	J. Mayer aus Wehingen
Mit Schmuck:	V. Kurz aus Gmünd
	M. W. aus Neu-Bulach
Mit Pfeifenköpfen:	J. Reinhart aus Bittelbronn
Mit Spitzen:	J. Rall aus Eningen
Mit Knöpfen:	B. Frech aus Königsheim
	U. Fischer aus Donauwörth
Mit Schuhen:	M. Wagner aus Metzingen
	M. Schupp aus Metzingen

Aufschluß über das Angebot der Händler geben uns auch die veröffentlichten Listen der abhanden gekommenen Waren bei Diebstählen. Dem Handelsmann J. Jäger, vielleicht dem Vater des Bortenmachers aus unserer Händlerliste, wurde 1808 folgendes aus seinem Warenlager gestohlen:

1 paar schwarze manchesterne Hosen
1 Sommerweste mit grünen und roten Streifen
1 Garnitur silberne Manns-Schnallen in durchbrochener Arbeit
1 paar dgl. Weiberschnallen, worauf gerstenkornähnliche Steine sich befinden
1 damasciertes seidenes Weiberhalstuch m. schwarz/weißen Blumen
1 schwarz seidenes Weiberhalstuch, worauf der Umlauf mit weißen Blumen gestickt ist
2 schwarz seidene Mannshalstücher
2 rotgefärbte Mailänderhalstücher dito
1 weiß mousselinenes Tüchle mit feinen Spitzen
3 dgl. mit gefärbten Läufen
3 weißrot gefärbte Schnupftücher, 1 rotblau leinenes
1 fein wollenes Halstuch mit caffeebraunem Boden und rotem Lauf
6 neue flächsene Mannshemder, rot gezeichnet
1 silber verguldtes Anhängerlen mit verg. Frankfurter Kreuzer
1 gutes Granatennuster mit vergoldetem Schloß
1 Hals-Nuster, woran alle möglichen Sorten von allerlei besonderem Schazgeld, Schweizer, Französisch Geld u. dgl. hängen
weiße und gefärbte Manns- und Weiberstrümpfe,
versch. Bettzeug
verschieden Hauben

Stoffe und Materialien: Leinen, Wolle, Pelz und Leder

Wir wissen nun, wie das Wollhemd aussah und wie die Lederhose sich entwickelte. Wir haben gesehen, was sich alles an Kleidungsstücken in den Inventur- und Teilungsakten unserer untersuchten Gemeinden herausgestellt hat. Versuchen wir nun, die gewonnenen Einblicke, die vorgefundenen Einzelinformationen zu einem Mosaik zusammenzufassen – zu einem Bild von der Entwicklung des bäuerlichen Häs. Es soll ein Bild sein, in dem auch die hintergründigen Bedingungen, die politischen, wirtschaftlichen und sozialen Aspekte dieses Bestandteils der bäuerlichen Kultur mitberücksichtigt werden.

Der Bauer war, wir sagten es schon, für lange Zeit in der Herstellung seiner Kleidung auf solches Material angewiesen, das er selbst erzeugte. Es war für ihn billig, erprobt und jederzeit greifbar. Außerdem zielten sämtliche von der Obrigkeit erlassenen Kleiderordnungen mit Nachdruck darauf hin.

In unserem Beobachtungsgebiet handelt es sich dabei in erster Linie um Leinen, Wolle, Pelz und Leder. Das Spinnen und Weben der Leinwand ist seit dem Mittelalter das vornehmste Handwerk des Schwaben gewesen. »Das gemein Volck in Schwaben kümmert sich mit keiner Arbeit soviel als mit Leinwat« / sagt Sebastian Münster in seiner 1628 gedruckten Cosmographia oder »Beschreibung der ganzen Welt«. »Dem liegen sie also starck ob, daß die Männer an etlichen Oertern / und besonder im Algöw /

so vast spinnen als die Weiber. Sie machen auch Barchet / der ein leinen Zettel hat unnd ein Baumwullenen Eynwurff. Sie machen auch gantz leinen Tuch / das man Golsch nennet. Und das ist kundlich, daß zu Ulm alle jahr dieser zweyerley Tücher mehr dann 100000 gemacht werden / darauß man ermessen mag, wie vil im gantzen Land gemacht werden.«

Aber schon vor Sebastian Münster ist das Leinengewerbe in Schwaben bezeugt, und wir gehen nicht fehl, wenn wir feststellen, daß wohl zu allen Zeiten etwa 80 Prozent der Trachtenstücke aus diesem Material oder einer der zahllosen Abwandlungen des Grundmaterials Flachs und Hanf bestanden: Abwerk, Ehwerk, Golsch, Stuckbletz, Zwilch, Schetter, Kammertuch, Kölsch, Federritt, Reusten oder Fläxen – um nur einige zu nennen. Dazu kommen noch die Mischgewebe Wifling und Barchent. Wifling, ein Leinengewebe mit Wolleinschlag, wurde von den Hauswebern hauptsächlich zum eigenen Gebrauch hergestellt. Der Stoff war rauh und dauerhaft, für Männer und Frauen gleichermaßen haltbar und wärmend, besonders zur Arbeitskleidung. Barchent, in unseren Inventuren mundartlich »Barchet« genannt, ist ein Mischgewebe aus Leinen und Baumwolle. Es kam schon im 14. Jahrhundert aus Zypern, von Famagusta über Venedig nach Deutschland und wurde um Augsburg, Ulm und Biberach massenweise hergestellt, gefärbt und verkauft – lange Zeit das wichtigste und zugleich große Geschäft süddeutscher Kaufleute. Der schwäbische Barchent war führend auf deutschen, italienischen und französischen Märkten, bis der Dreißigjährige Krieg diesen blühenden Export nahezu vollständig lähmte. Auch Barchent ist aus der Kleidung unseres Beobachtungsgebietes nicht wegzudenken. In seiner Qualität war er etwas feiner als der Wifling, wurde ebenfalls gefärbt, meist schwarz oder braun, und zu besserer Ober-

kleidung wie Miedern, Büblen, Schürzen und manchmal auch zu Männerhosen verarbeitet. Lehrer und Pfarrer trugen fast immer schwarze Barchenthosen. Das Baumwollgemisch war etwas wärmer als das reine Leinen, das aber ebenso gefärbt und zur Oberkleidung verwendet wurde; dies nannte man Golsch. Auf der Alb, zwischen Ulm und Zwiefalten ist Barchent kaum hergestellt worden; dort beschränkte man sich auf das reine Leinen und tauschte und kaufte auf den Märkten seinen Barchentbedarf ein. Der Hausweber selbst war natürlich bestrebt, den Bedarf für sich und seine Familie ohne Verlust an Bargeld zu ermöglichen. So wurde jeder kleine Abfall weiterverwendet; z. B. entstanden »stuckblezene« Sachen aus den Resten, die sich bildeten, wenn ein langes, für den Verkauf bestimmtes Webstück an den Enden zurechtgeschnitten wurde. Weggeworfen wurde nichts. Weiße Hauben, Schürzen-, Hemden- und Futterstoffe ergaben sich noch aus kleinsten Zipfeln.
Wer etwas »betuchter« war, leistete sich für Sonn- und Festtagskleider einen reinen Wollstoff, der meist nicht selbst gewebt wurde und daher teuer war. Kurzgeschoren und gewalkt, erforderte das gute Wolltuch einige Arbeitsgänge, die nur in besonderen Manufakturen möglich waren. Vor dem Dreißigjährigen Krieg stellte man hauptsächlich in Calw massenweise billige und locker gewebte Wolltuche her. Dort färbte man sie meist in dunklen Tönen, aber auch türkischrot. Die Namen Distelsait und Engelsait nannten wir schon für die Zeit vor dem großen Krieg. Danach taucht kein einziger solcher Stoff mehr auf. Er wurde vielfach zu Klag- und Kirchenmänteln verwendet, die ebenfalls nicht wieder erscheinen. Dagegen lesen wir Stoffnamen wie Buffin, Grobgrün (keine Farbe!), Burschat, Arras, und oft hießen sie nach Handelsstädten wie »Cadizin« nach der spanischen Stadt Cadiz oder »Lin-

disch« nach London. »Unlindisch« (also nicht aus London) wird manchmal herausgestrichen, um zu beweisen, daß man nicht den verbotenen Kleiderstoff aus London gewählt hat. »Charge de Londe« taucht als Miederstoff in Einzelfällen bei vornehmen Leuten auf.
Oft genannt ist der Ausdruck »Zeug«, der hier nicht allgemein für Stoffe, sondern für eine besondere Herstellungsart aus Kammwolle steht, die mit sichtbarem Faden verarbeitet ist. Auch dieses Gewebe wurde für die Oberkleidung verwendet. Zeug wurde durch ein Calwer Haus schon um 1600 bis nach Italien und in die Schweiz vertrieben. Die Kaufleute aus dieser damals so rührigen Stadt suchten mit ihren Erzeugnissen die Messen von Frankfurt und Worms, Straßburg und Basel auf. Calwer Stoffe wurden also nicht nur in Württemberg, sondern auch in Mitteldeutschland, im Elsaß und in der Schweiz getragen. Dort wurden ebenfalls, wie im Schwäbischen, Trachtenstücke daraus geschneidert. Man wundert sich immer, wie international der Stoff- und Textilhandel schon im 15. und 16. Jahrhundert gewesen ist.
Kürschnerwaren, also Pelze, sind bisher in der Trachtenforschung unter den Materialien für Kleidungsstücke kaum bekannt gewesen; sie sind auch in unserer Zeit noch mit einem Hauch von Luxus umgeben, den sich nur der Wohlhabende leisten kann. Dabei ist in den Kleiderlisten des 16. und 17. Jahrhunderts »Belz« sehr oft angeführt. Doch handelt es sich dabei um einfache Pelze, die die Kleiderordnung zugestand, von Schafen, Geißen und Bökken, Katzen, Kaninchen, Füchsen und Hasen aus der »Niederjagd«, die dem Bauern ja zeitweise erlaubt war. Auch über die Gewohnheit der Schwaben, Pelz zu tragen, berichtet uns Sebastian Münster: »Sie haben sich auch darzu gewehnt / wiewol sie under einem kalten Himmel wohnen, so gebrauchen sie doch keins Kleids / ohn allein

daß sie ein Fell oder Beltz umb ihr Leib schlagen.« Und wir finden tatsächlich eine Menge Sachen aus Pelz: »Leibpelze«, Pelzhandschuhe, Pelzkappen, Pelzohrenkappen für Männer und Frauen, Pelzbüble, Pelzröcke, Pelzmieder, Muffen, die »Schlupferle« heißen, und Pelzbesätze am unteren Rocksaum; solche Bremenröcke tragen nur Frauen. Teils sind die Stücke ganz aus Pelz, teils damit gefüttert; manchmal hat auch ein ganzer Pelzrock eine »rote Blegin«.

Vom Leder sprachen wir schon beim ledernen »G'säß« – es ist im Grunde überall und zu aller Zeit das Material der bäuerlichen Männerhose gewesen. Hier und da taucht eine Lederweste auf. Frauen tragen kein Leder außer Schuhe und Handschuhe.

Durch den sich ausdehnenden Handel bahnte sich auch in der Stoffwahl einiges Neue an. Die Einfuhr von Baumwolle aus Zypern über Venedig war durch die Entdeckung Amerikas und des Seewegs nach Indien völlig zum Erliegen gekommen, aber nach und nach zeigte sich der Segen der Handelsbeziehungen mit den neuentdeckten Ländern. Die Handelskompagnien der Engländer, Franzosen und Holländer hatten Kolonien erobert, und nun kamen die Baumwolle und deren Erzeugnisse hauptsächlich aus Indien nach Europa. »Indiennes« oder Kattunstoffe kamen in Mode. Der Markt wurde mit diesen neuartigen Geweben geradezu überschwemmt. Sie wurden vor allem deshalb so beliebt, weil sie leichter, anschmiegsamer und außerdem leuchtender eingefärbt waren. Man hatte jetzt erst eine Methode entdeckt, mittels derer die Farben besser auf dem Kattun hafteten. Die Stadt Augsburg insbesondere hatte schon zu Ende des 17. Jahrhunderts mit einer sehr leistungsfähigen Kattunherstellung begonnen. Die Produktionsweise wurde später von vielen Textilbetrieben auch in Württemberg, übernommen. Indienne bzw.

Kattun, in den Listen »Cotton« geschrieben, waren große Mode geworden. Allerdings brachte der Kattun auch die Abkehr vom Selbstgewebten. Er mußte gekauft werden, der Bauer mußte dazu Bargeld lockermachen, über das er meistens nicht verfügte. Außerdem verbot noch die Kleiderordnung von 1712 die ausländischen Stoffe für die Bauersleute und gemeinen Bürger, was deren Verbreitung erst recht einschränkte.
So hat man den Kattun in unserem Beobachtungsgebiet zuerst in katholischen Dörfern um die Mitte des 18. Jahrhunderts getragen; evangelisch-pietistische Gemeinden widerstanden der Neuerung noch bis ins 19. Aus Kattun wurden Hauben, Schürzen, leichte Büble und Röcke angefertigt. Da die Röcke inzwischen Holzreifen bekommen hatten, nahm sich der alte Wifling auch nicht mehr so graziös aus. Einige Altertumsapostel sahen in dieser Entwicklung das Ende der bäuerlichen Tracht:

»Seit d' Weiber saufet Kaffee,
D' Bettelleut saget adje,
D' Bauersleut laufet in Zitz und Kattun,
Seither ist alles auf der Welt vertun!«

Dieses und ähnliches ist der »bösen« Welt also schon damals und dann in Abständen von neuem immer wieder prophezeit worden. Jedenfalls wurde der Barchent im Laufe des 18. Jahrhunderts vom Kattun verdrängt.
Eine weitere Besonderheit unter den neuen bedruckten Baumwollstoffen war der Zitz, den die Hausierer aus Eningen in geradezu unvorstellbaren Mengen auf den Märkten handelten und der von jungen Mädchen auch begeistert eingekauft wurde, obwohl man ihnen dies moralisch ankreidete:

»Mädle, nemm dei G'wisse en acht
Ond dei zitzes Leible!«

18. Jahrhundert: Barock erobert Württemberg

Das 18. Jahrhundert ist ein seltsam paradoxer Zeitraum. Die absolutistischen Fürsten lebten in Saus und Braus, hatten Mätressen, verpraßten mit Schloßbauten Steuergelder und ließen die Bauern fronen. Das Jahrhundert begann, wie das letzte geendet hatte: mit immer wiederkehrender Feindbedrohung durch die Franzosen. Das Ländle und sein Fürst hatten unter dieser Bedrückung aufs allerheftigste zu leiden. Dennoch sollte »französische Tracht«, Barock- und Rokokostil in der Kleidung, einen Siegeszug durch Württemberg antreten. Herzog Eberhard Ludwig hatte seine Bauern zwar auf ihre alten Zwilchkittel verwiesen und nur den obersten fünf Klassen das Tragen der »französischen Tracht« zugestanden – trotzdem hat der Barockstil auch auf den Dörfern das äußere Gesicht des Jahrhunderts bestimmt. Können wir daraus folgern, daß die Vorschriften in den Kleiderordnungen kaum Einfluß hatten und letztlich nicht eingehalten wurden?
Für das 18. Jahrhundert sind wir reich bestückt mit Inventuren, die sehr ausführlich und barock-weitschweifig berichten. Farben, Formen, Stoffarten, Funktionen sind in keiner Epoche ausführlicher geschildert; wir haben also Anschauungsmaterial genug, um die Wirkung der Kleiderordnung zu prüfen. Dazu muß man die Bestimmungen selbst noch einmal genau abklopfen: Die Verbote der umfangreichsten Verordnung, nämlich der von 1712, betrafen hauptsächlich die Stoffarten und ihren Preis. Vorschriften über Schnitt und Auswahl der Zutaten sind

nicht gemacht worden, wenige auch über die Farben. Die Gesetzesmaschen waren offenbar weit genug, um der Phantasie des Volkes noch Raum zu lassen. Obwohl barocke Schnittformen ursprünglich verboten waren, hatten die »gemeinen« Leute schließlich auch Dreispitze, Kniehosen und den »Justaucorps«, den langen, offenen Männerrock mit den Knöpfen und Aufschlagtaschen, der damals die ganze Männertracht einschließlich der Uniformen bestimmt hat. Die Bäuerinnen hatten Reifröcke und Schnürmieder. Allerdings trugen sie diese Dinge viel später, eigentlich erst, als sie in der großen Modewelt schon vergangen waren. Und sie verwendeten auch dafür einfache Stoffe, manchmal noch selbstgewebt und vom Dorfschneider gefertigt. Dieser Kleidungsstil lag den Bauern, er schlug Wurzeln und löste nicht nur in katholischen Gegenden eine Art Volkskultur aus. Das 18. Jahrhundert war ein Bauernjahrhundert. Unter Bauernmalerei zum Beispiel versteht man ja heute noch einen Stil, der ganz allgemein durch den Barock beeinflußt ist.

Wie es dazu kam, ist schwer zu sagen. Gewiß hat der wirtschaftliche Aufschwung in der Regierungszeit Karl Eugens einen wesentlichen Beitrag dazu geleistet. Eugens erste Regierungsjahre sollen nach dem Urteil des zeitgenössischen Chronisten von Spittler die »glücklichsten in der bisherigen württembergischen Geschichte gewesen sein«, obwohl dieser Fürst, wie seine Vorgänger, nicht eben sparsam und volksverbunden lebte. Das Militär, das er nach preußischem Muster aufstellte und das im Volk reichlich verhaßt war (man denke an die »Übelhauser«, die »Auswahlen«, das Capregiment, die vielen Deserteure, die nie mehr nach Hause zurückfanden), wurde zu einem derart großen Vorbild für die Männertracht auf dem Land, daß die Obrigkeit per Polizeiordnung dagegen angehen mußte.

Obwohl die Pietisten im Lande zu den größten Feinden der barocken Lebensweise zählten, ist der Barock der Stil geworden, der die Bauerntracht im ganzen südlichen Deutschland am tiefsten geprägt hat, in katholischen Ländern wie Bayern sowieso, aber auch im braven und damals wenig weltoffenen protestantischen Württemberg. Wenn heute irgendwo Trachtenfeste, -umzüge, -ausstellungen oder Neuschöpfungen stattfinden, dann meistens unter Verwendung barocker Grundformen. Bei solchen Anlässen leben bei den Männern der Dreispitz und der lange Schoßrock mit den Talerknöpfen wieder auf, der auf den französischen Justaucorps zurückgeht. Und bei den Frauen feiert das Schnürmieder Auferstehung, das ja überhaupt in seinen verschiedensten Abwandlungen das Herzstück jeglicher Bauerngewandung darstellt. Der Barock hat einfach »durchgeschlagen«, die Strahlkraft dieses prächtigen Stils hat auch die kleinsten Landgemeinden erfaßt.
Im 17. Jahrhundert, gleich nach dem großen Krieg, waren alle noch mehr oder weniger arm, von einigen »Kriegsgewinnlern« abgesehen. Im 18. Jahrhundert erholte man sich, und die sozialen Abstände wurden sichtbar größer. Natürlich kann vom barocken Überschwang bei der Mehrzahl der bäuerlichen Untertanen keine Rede sein, dazu waren sie nach wie vor viel zu arm. Erst bei der nächsthöheren Klasse, bei Wirtsleuten, Förstern und dergleichen, machte sich ein bescheidener Reichtum bemerkbar. Der Aufschwung ist in den Kleiderlisten zunächst einmal daran erkenntlich, daß sich jedes dörfliche Paar mindestens einen »Einschlauf«, also eine ganze Gewandung, aus dem teuren und soliden Wolltuch leisten konnte, der, meistens zur Hochzeit angeschafft, ein Leben lang halten mußte. Beim Mann hat ein solcher Tuchrock den weißleinenen oder barcheten Flügelkittel abgelöst, mit dem die

Württemberger noch in die Nördlinger Schlacht gezogen waren. Bei dem teuren Statussymbol herrschte dunkles Blau als Farbe vor, aber auch Grau, Braun oder Schwarz wurden gewählt. Die Knöpfe zu beiden Seiten waren beim einfachen Bauern meist aus Zinn und beim Wirt aus Silber oder umgearbeiteten Münzen. Ein Spaßvogel ließ sich einmal Knöpfe aus »französischen Sechserlen« machen. Knöpfe spielen in der männlichen Tracht dieser Zeit eine große Rolle, nachdem man sie lange Zeit gar nicht gekannt hatte. In Kugelform saßen sie meist auch an der obligaten roten Weste, die jeder Bauer bis zum Alter von etwa 50 bis 60 Jahren trug. In späteren Jahren, so meinte man, sei das leuchtende Rot, als Farbe der Jugend und Lebensfreude, weniger am Platz. Es gab für dieses Alter Westen in bedeckteren Farben wie Schwarz, Grau oder Rohweiß im bewährten Barchent.
Derselbe Vorgang wiederholt sich beim weiblichen roten Mieder, das Frauen ebenso häufig besaßen und trugen wie die Männer ihre Weste. Auch hier zeigt sich eine gewisse Zurückhaltung in Farbe und Zier im Alter. Außer wenn das gute Stück keine Nachfolgerin zum Tragen fand und unbedingt abgenützt werden mußte, zogen es die alten Frauen noch an, aber ungern, eher draußen auf dem Feld und beim Heimweg durch das Büble zugedeckt. Der Mann legte in der Jahrhundertmitte zwischen Rock und Weste oft noch das Kamisol an, ein Unterwams in der Farbe und Stoffart des Rockes, dazu kamen weiße, graue oder schwarze Strümpfe, Lederhosen und die »Knierinken«. Diese ledernen runden Kniebänder dienten als Abschluß der schwarzen Kniehose, bei Reicheren waren sie sogar mit einer Schnalle verziert. Diese Schnallen sind ein weiteres Signum des Jahrhunderts, ein wohlhabender Mann trug oft einen halben Juwelierladen mit sich herum. Es gab Hemden-, Ärmel-, Hut- und vor allem Schuhschnallen, die

ja in viele Trachtenlandschaften eingegangen sind und gelegentlich heute noch »aufgewärmt« werden.
Als Unterwäsche fungiert allein das weiße, selbstgewebte und -genähte Hemd aus grobem Leinen, das meist einen angeschnittenen Kragen besaß. Er wurde von einem schwarzen »Flor« umwunden, einem leichten Seiden- oder Baumwollband, das eine ähnliche Funktion wie die heutige Krawatte einnahm und gelegentlich auch von der Frau getragen wurde – wieder ein Beispiel für die erstaunliche Ähnlichkeit zwischen den Geschlechtern. Die weiblichen Wesen trugen ebenfalls die leinenen Hemden und die Knierinken, später »Knieringle« genannt, sie waren zum Befestigen der unterhalb des Knies endenden Strümpfe bestimmt. Auch die Frau besaß als Statussymbol den dunklen weiten Wollrock aus dem guten Tuch für Hochzeit, Abendmahl, Taufe, Feiertag und zugleich für die Trauer. Hinzu kam das Büble aus dem gleichen Stoff, manchmal war es rot gefüttert. Das rote Mieder erwähnten wir schon. Es erscheint mit derselben Selbstverständlichkeit in den Akten wie die ihm entsprechenden Westen. Ein schwarzes war für die Trauer bestimmt. Die seidene Schürze ergänzte diese Sonn- und Feiertagskleidung. Daneben existierte noch eine ganze Menge anderer Röcke in verschiedenen Farben: bei jungen Mädchen oder Frauen der grüne mit dem Seidenband am Saum, der zum Tanzen getragen wurde, außerdem blaue, braune, leicht gemusterte, gleich mehrfach für den Werktag, aus Barchent, Wifling oder Leinen. Das Mieder, das sich schon zu Ende des 17. Jahrhunderts vom Rock gelöst und verselbständigt hatte, blieb auch weiterhin ein Einzelstück, soweit es das Festgewand betraf. Mit Fischbein oder leichten Holzstäben abgestützt, mit Borten besetzt und über einem »Vorstecker« oder »Brustlatz« geschnürt, war es das wichtigste Zierstück der weiblichen Kleidung. Es hat sich

zusammen mit dem dazu passenden Goller und Gollerbüble bis ins 19. Jahrhundert hinein gehalten.
Zur Arbeit allerdings, das ging den Leuten bald auf, war die steife Schnürbrust nur eine Qual. »O mach mer s'Leible auf, ka i en Seufzer lau«, dieser bäuerliche Spruch veranschaulicht die Situation. Und so findet sich schon 1702 ein »angenähtes« Mieder, also ein etwas bequemeres Leibchen, das nachgab und zugleich den Rock von den Schultern aus festhielt, die Taille also nicht allzusehr einengte. Auch die Verweisung unbequemer Einzelstücke auf den Sonntag zeigt, wie die aus städtischen oder gar höfischen Kreisen übernommenen Modehits unzweckmäßig für die Arbeit waren und verändert wurden. Vieles wurde schlichtweg abgelehnt: schon die Pluderhose der Landsknechte, später die Umschlagtücher, Schlafröcke, Halskrausen und Volants. Ein sommerlicher Arbeitstag von zwölf bis vierzehn Stunden bei Hitze und Regen verträgt keine überflüssigen und beengenden Kleidungsstücke. Tändeleien, Knöpfe, Bänder, Schleifen, Schnallen, Kettchen und Ringe fehlen an der bäuerlichen Arbeitskleidung völlig und wurden auch an der Sonntagstracht sparsamer verwendet als bei Stadtleuten. So sind auf alten Abbildungen aus dem 18. Jahrhundert Stadt- und Landleute auf den ersten Blick zu unterscheiden. Perücken und Barette waren dem Landmann überhaupt verboten; er hätte sie auch nicht angenommen, so wenig wie Schlafhauben, die den Perückenträger vor nächtlichem Zug schützen sollten. Armbänder zum Beispiel finden sich bei den Frauen nie, auch nicht gegen Ende der Epoche, als die Kleiderordnungen unwirksam wurden. Man zeigt heute im Zuge der Trachtenpflege fast immer nur die Sonntagstracht ohne ihre Entsprechung, die Arbeitskleidung. Dabei wird überdies vergessen, daß der eigentliche bäuerliche Stil, der den Großstädter heute so fasziniert, aus der

Synthese zwischen der herrschenden Mode und dem praktischen Arbeitsgewand heraus entstanden ist.
Die Unterschiede zwischen Stadt und Land waren in einem Territorium also oft gravierender als die der Bauern zweier getrennter Herrschaften. Das bedeutet aber auch, daß die vielfältigen Variationen von Landschaft zu Landschaft, welche die Trachtenforschung so stark herausarbeitet, sich in dem Maß erst entwickelt haben können, als die Kleiderordnungen nicht mehr wirksam und die Bauern in der Gestaltung ihrer Kleidung freier geworden waren. Schließlich fällt auch beim Vergleich von Ordnungen der fraglichen Zeit jener Herrschaften, die an Württemberg angrenzten (wie die Reichsstadt Ulm, Churbayern, Hohenberg und verschiedene kleinere Territorien) auf, daß sie einander ähneln, manchmal wie ein Ei dem andern. Was wir damit sagen wollen: Landschaftliche Unterschiede sind gering, nach »Nationaltrachten« hat man nicht unterschieden, alle Bauern waren untereinander ähnlich angezogen, politische Grenzen nicht maßgeblich. Für Altwürttemberg läßt sich in den Inventuren allenfalls ein Prinzip feststellen, das gewissenhaft eingehalten wurde: die Farbe Grün galt, wahrscheinlich schon seit der Zeit Herzog Christophs, als die Farbe des württembergischen Hofes und war für Bauern verboten. Wir haben in Hunderten von württembergischen Inventuren nie eine Männerjacke in dieser Farbe gefunden. Es war einfach württembergisch, als Mann, der nicht zum Hofe gehörte, nicht in Grün zu gehen. In den Kleiderlisten katholischer, also neuwürttembergischer Orte finden sich dagegen grüne Männerjacken mehrfach. Auffallend häufig sind sie bekanntlich in Bayern, und erst in unserer Zeit fanden auch die Bauern vom Ländle zum grünen Loden.

Der neueste Schrei: Halstüchle und Blauhemd

Das 19. Jahrhundert begann mit großen politischen und sozialen Veränderungen: Württemberg war 1810 plötzlich etwa doppelt so groß, hatte »Neuwürttemberg« dazugewonnen, die Reichsstädte, die Grafschaft Hohenberg, die Deutschordensgebiete, Teile von Bayern und eine Reihe von Einzelherrschaften.
Es beherbergte nun beide Konfessionen in friedlicher Religionsausübung und bekam 1816 in König Wilhelm einen zunächst populären Herrscher. Seine Politik unterstützte tatsächlich die bäuerliche Bevölkerung, vereinfachte die seither so aufwendige Hofhaltung, steuerte dem Jagdunwesen, setzte Preise für Pferde und Zuchtvieh aus, gründete das Cannstatter Volksfest und erließ Preisausschreiben für Erfindungen auf dem Gebiet der landwirtschaftlichen Forschung. Freilich konnte auch er die schweren Hungerjahre von 1816/17 nicht verhindern, konnte die Ströme von tüchtigen württembergischen Bauern nicht aufhalten, die auswanderten, weil sie ihre Familien nicht mehr ernähren konnten. Die Bevölkerung hatte sich stark vermehrt, die Markungen konnten nicht mehr allen Leuten das nötigste Auskommen bieten, denn es waren zu viele für den damaligen Entwicklungsstand der Landwirtschaft. Und die Industrie war noch nicht so emporgekommen, daß daraus ein für viele ausreichender Verdienst zu erzielen gewesen wäre. Vor allem fehlten ausreichende Transportmöglichkeiten für die Einfuhr von Rohstoffen und den Export von Fertigprodukten. Und so ging es

jedenfalls im ersten Vierteljahrhundert kaum aufwärts, die Einwohner hungerten, es wurde viel gestohlen: Kartoffeln, Brot, Rauchfleisch und sogar »gestandene« Milch. Viele landstreicherten durch die Gegend, große Gaunerhorden aus dem Westen durchstreiften das Land. Außerdem hinterließ der Rußlandkrieg viele Gefallene und eine traurige Menge von Witwen und Waisen. Aber kleine Ansätze zur wirtschaftlichen Besserung gab es: Die Entdeckung der Salzquellen in Jagstfeld und Offenau gehörte zum bescheidenen Fortschritt. Damit fiel die jahrhundertelange Abhängigkeit von der Salzeinfuhr aus Tirol und Bayern weg. Weitere Maßnahmen wurden schon unter Friedrich I., dem Vater Wilhelms, beeinflußt von der Aufklärung, ins Leben gerufen, die dann von seinem Sohn und dessen Gemahlin Katharina stark gefördert wurden. Mit der Gründung der landwirtschaftlichen Hochschule Hohenheim wurde dort eine Staatsmusterschäferei aufgebaut. Auf der Achalm wurden »Cachemirziegen« und Merinoschafe in die gewöhnliche Landschafsrasse eingekreuzt. Merino und Kaschmir sind auch in Reinform gewonnen und zu Stoffen verarbeitet worden, die gerade auch bei der Landbevölkerung begehrt waren. Katharina förderte besonders die »Industrieschulen«, in denen nach einer auf Pestalozzi zurückgehenden Idee die armen Kinder in Stadt und Land vom Bettel ferngehalten und einer geregelten und nützlichen Tätigkeit zugeführt werden sollten. Die Mädchen erhielten dort Unterricht im Strikken, Nähen, Sticken, Flechten. Die Buben lernten Obstbaumzucht, Laubsägen, Basteln usf.
König Wilhelm ließ auch das Schreibereiwesen in Württemberg neu ordnen, was bewirkte, daß unsere Inventurakten nicht mehr so barock und weitschweifig erzählen, wie sie das bis dahin taten. Heute würde man sich die frühere Arbeitsweise der Schreiber zurückwünschen. Sie

wurden nach der Seitenzahl bezahlt und waren deshalb bestrebt, diese tunlichst zu vermehren: Formen, Farben, Stoffsorten, Erhaltungszustand der »Manns- und Weibskleider« gaben für diesen Zweck schon etwas her. Im 19. Jahrhundert wird der Stil sehr viel knapper und lakonischer; trocken und bürokratisch fertigen sie ihre Listen an, in denen zum Beispiel der Kleiderbestand oftmals nur noch pauschal aufgeführt wird. Am Ende des Jahrhunderts hört diese Aktengattung ganz auf. Dafür häufen sich gedruckte Quellen; um 1820/30 erscheinen die ersten Lokalblättchen, von 1808 an das Württembergische Regierungsblatt und das Allgemeine Landes-Intelligenzblatt, um nur einige zu nennen. Die dort erschienenen Meldungen mit Personenbeschreibungen, Diebstahlsanzeigen und Steckbriefen sind für unser Interesse sehr aufschlußreich. Außerdem werden nun vermehrt heimatkundliche Bücher verfaßt, auch Lexika der Gemeinden und Oberamtsbeschreibungen, die Angaben zur Kleidung enthalten.

Das erste Drittel des Jahrhunderts bringt noch wenig Veränderung für die Tracht; die Leute waren immer noch zu arm, als daß sie sich hätten besser ausstatten können. Eines ist allerdings neu und auffällig: Es gibt viel »Tüchlein« in dieser Zeit, Hals-, Brust- und Kopftücher aus Seide, leichter Wolle und besonders Baumwolle. Sie sind geradezu das Aushängeschild dieses Jahrhunderts. Die Tücher waren auch nicht allzu teuer; allerdings mußte man sie kaufen, auf Jahrmärkten, beim Kaufmann oder Hausierer, und Bargeld war knapp, mindestens vor der Ernte. Aber anscheinend obsiegte doch die Eitelkeit, die Inventuren sind voll davon. Es gibt »Tüchle« in den verschiedensten Farben und Formen: gemustert, gestreift, geblümt, »gedipfelt«, mit und ohne Fransen, mit bunten »Läufen« (Kanten), mit Fest- und Trauerseite und oft mit

—o— 87 —o—

Intelligenz Blatt

für die Oberämter

Ehingen und Münsingen.

Nro. 22. — Freytag den 28. May 1830.

Amtliche Verfügungen.

Münsingen und Ehingen. (Die Veränderungen in dem Besitzstande der Dekorationen betr.) Die Schultheißenämter werden hiemit aufgefordert, bis zum 29. d. M. unfehlbar zu berichten, ob Veränderungen bey Innhabern von Militair-VerdienstMedaillen seit dem 1. Januar 1828 eingetreten seyen; im bejaenden Fall erwartet man, daß in dem Bericht der Todestag des Innhabers bemerkt wird. Den 21. May 1830.

Königl. Oberämter.

Ehingen. Die Taggelder der OrtsVorsteher vom Anwohnen bey der LoosZiehung und der Musterung sind nunmehr dekretirt, und können bey der AmtsPflege erhoben werden.

Den 21. May 1830.

Königl. Oberamt.

Ehingen. (Auswanderung.) Franz Joseph Hohenadel und Ursula Kneisle von Ehingen wandern aus, und haben die gesetzliche Bürgschaft geleistet. Den 21. May 1830.

Königl. Oberamt.

Ehingen. (Auswanderung.) Der vormalige Gardist, Joseph Seiz, ZimmerGeselle von Altsteußlingen, wandert nach Oesterreich aus, und hat die gesetzliche Bürgschaft geleistet.

Den 24. May 1830.

Königl. Oberamt.

Ehingen. Nach einer Mittheilung des K. B. LandGerichts Schrobenhausen befindet sich dort eine schon im Dezember vor. Jahrs wegen Vagirens aufgegriffene WeibsPerson, welche blödsinnig, aus hiesigem OberamtsBezirke gebürtig, und Lene heißen solle, in Detention. Sie giebt an, ihr Vater seye ein Schneider, bey welchem ein Tuchmacher wohnen solle. Die GestaltsBezeichnung derselben, so wie ihre Kleidung ist hienach ersichtlich. Die Schultheißenämter erhalten daher den Auftrag, wenn ihnen von dieser Person etwas bekannt seyn sollte, hievon hieher binnen 8 Tagen Anzeige zu machen. Den 24. May 1830.

Königl. Oberamt.

GestaltsBezeichnung:

Alter 50 Jahre. Größe 5' (bayers. Meß). Haare, schwarzbraun, sehr kurz geschnitten. Stirne, hoch. Augen, grau, das linke Aug ist blind, mit einem weißen Häutchen überzogen; beyde Augen aber sind sehr unrein, und fließend. Nase, stumpf. Mund, groß mit hohen Lippen; an der Oberlippe rechts eine Narbe. Zähne mangelhaft. Kinn kurz. GesichtsForm rund mit vielen Falten. GesichtsFarbe gelblicht. Statur schwach.

KleidungsStücke:

Ein breiter schwarzer Filzhut, eine persene roth und gelbe Schlafhaube, eine persene grün und blaue Haube mit schwarzen Zugbändeln, ein altes grünpersenes Korsett mit großen rothen Flecken am rechten Aermel, dann ein dunkelfarbiges baumwollenes Halstuch, ein blau und weiß gedruckter Rock an einem rothpersenen Leible angenäht, eine alte ganz schmutzige Schürze, lange Strümpfe von ungebleichtem Garn und ein Paar alte Schnürstiefel.

Ehingen. Die Gemeinde- und StiftungsEtats sind in doppelter Ausfertigung bis 20. Juny unfehlbar anher einzusenden.

Den 25. May 1830.

Königl. Oberamt.

Ehingen. (FohlenBerichte.) Sämmtliche OrtsVorsteher haben bis 8 Juny das bekannte Verzeichniß über die Fohlen und Stutten, welches nachstehende Rubriken enthalten muß:

1) Ort,
2) Zahl der vom 1. Juny $18\frac{29}{30}$ im Ganzen gefallenen Fohlen,

Polizeilicher Steckbrief: Präziser Auskunftgeber über die Kleidung von einst

gesticktem Monogramm gezeichnet. Der Bursche bringt seinem Mädchen ein Tüchle vom Markt, der Fuhrmann des Brautwagens bekommt ein rotes auf den Hut genäht, der Pfarrer wird für die Trauung mit einem seidenen schwarzen belohnt, und die Magd bekommt ein buntes von ihrer Bäuerin zum »Einstand«.

Es hat zwar eine Weile gedauert, bis diese Neuerung sich auf jedem kleinen Flecken durchsetzte, aber sie war folgenreich und für die Entwicklung der Tracht zweifellos von Bedeutung. Nun kam die Handarbeit auf, Stickereien vor allem, die es vorher kaum gegeben hatte. Fast jede Bauerntochter verzierte ihre Aussteuer mit dem roten Kreuzstichmonogramm. Kopf-, Hals- und Schnupftuch bekamen diese altväterlichen Initialen, schön nach dem Stickmusterbuch der Lehrerin ausgenäht – man kann fast von einer »Monogramm-Manie« sprechen. Den Polizeiorganen halfen diese »Ausweise« sehr, Spitzbuben aufzugreifen und Tote zu identifizieren. Auch vor dem Latz der Lederhose machte die Lust nicht halt. Aus Heisterhofen ist ein Paar schwarze Lederhosen gemeldet, »auf deren Latz eine Blumengirlande mit den Buchstaben J. P. und darunter die Zahl 1848 stehen«.

Am Kopftüchlein waren die Initialen fast wie eine Visitenkarte, am oberen, hinten herabhängenden Zipfel sichtbar eingearbeitet. Das Kopftuch verdrängte die Haube, es war gefälliger, leicht zu waschen, weniger steif. Aber es gehörte zunächst zur Arbeits- und Werktagskleidung. In der Kirche sah man noch lange die Haube, und beim Abendmahl erst recht. Es scheint, als hätten die vielen netten Kleinigkeiten aus Baumwolle zunächst die Werktagstracht belebt. Man fertigte Hemden, Hauben und Schürzen aus Baumwolle und kaufte die Tücher fertig. Man merkte wohl bald, daß Baumwolle auf der Haut angenehmer war als das steife und kalte Leinen.

38 Bauernehepaar von der Alb um 1789. Die Lederhose des Bauern hält ein Hosenträger, der erst im 18. Jahrhundert die Nesteln entbehrlich machte.

39 *Trachtenträger-Gruppe aus Nellingen mit historischen Kleidern*
40 *Laichinger Trachtengruppe bei einem Festumzug im zerstörten Stuttgart 1949*

41 *Trachtengruppe bei einer nationalsozialistischen Bauernkundgebung in Neenstetten 1935*

42 Trachtenpräsentation bei einem Festumzug in Laichingen, Anfang 20. Jahrhundert

In diesem Jahrhundert tritt der Unterschied zwischen »städtisch« und »bäuerisch« zum Teil deutlicher ins Bewußtsein als in früheren Zeiten. Dies ist gewiß die Folge der gestiegenen Kontakte und Informationsmöglichkeiten zwischen Stadt und Land, die beide Lebenswelten besser miteinander bekannt machten; in den Zeitungen wird über die Landbewohner manchmal sogar mit leicht spöttischem Unterton berichtet. Die tatsächliche Kluft besteht darin, daß die Bauern zum Beispiel bei der Kleidung eben das Alte noch abtragen, das der Städter bereits abgelegt hat; in ganz entlegenen Orten trägt man die antiquiertesten Sachen. Dabei handelt es sich aber keineswegs um ein bewußtes Festhalten am Althergebrachten, wie es die Trachtenforschung vielfach behauptet. Der Heimatforscher Thierer erzählt in seiner Gussenstadter Ortsgeschichte, daß die Walbacher Bauern noch um 1850 Schnallenschuhe, gelbe Lederhosen, rotes Leibchen, weiße Strümpfe und den Dreispitz trugen – alles Requisiten, die eigentlich aus dem 18. Jahrhundert stammten und die sie noch nicht abgelegt hatten, weil ihr Ort sehr abgelegen war.
Walbach ist heute eine Ödung. Wer im 19. Jahrhundert noch den Dreispitz trug, war ein Landmann. Wer dagegen als Mann einen Rock aus russischgrünem Tuch trug, war zweifelsohne ein Städter, der mit der Mode ging. Russischgrün war Anfang des 19. Jahrhunderts der letzte Schrei. Offenbar ein Zeugnis bürgerlichen Selbstbewußtseins: Man machte dem Hof das frühere Privileg auf die grüne Farbe streitig, wogegen die Bauern so konservativ waren und noch länger an der alten Ordnung festhielten.
Nachdem das Gollerbüble seit 1750 keine Verwendung mehr fand, wurde nun auch der kleidsame Goller vom Halstuch verdrängt. 1820 bis 1830 werden zwar noch Gol-

ler zu Brautausstattungen angeschafft, nach 1850 aber nicht mehr. Auch das Halstuch ist, wie so vieles in der bäuerlichen Tracht, für Mann und Frau zugleich gebräuchlich gewesen. Als 1832 in England die erste mechanische Webmaschine für Baumwolle erfunden worden war und bald darauf mechanisch hergestellte Webwaren auch in Deutschland den Markt überschwemmten, gab es kein Halten mehr, alles kaufte die billigen Baumwollsachen. Spätestens von diesem Zeitpunkt ab gewinnen die industriell produzierten Teile die Oberhand. Zugleich waren die Färbe- und Druckmethoden weiterhin verbessert worden. Nun gab es bunte leuchtende Farben, Blümchen, Pünktchen und Streifen jede Menge. Vorher war das Häs, besonders das der Armen, fast nur einfarbig gewesen. Muster konnten zwar eingewirkt werden, aber nur in Form von Streifen und Karos. Der Jacquardwebstuhl, eine Erfindung des Franzosen Jacquard, auf dem man auch Blumenornamente einweben konnte, wurde von 1831 an in den Fabriken eingeführt. So gab es auch gemusterte Damaste. Die bedruckten Baumwollgewebe waren jedoch billiger, in ihrem Aussehen gefälliger und leichter zu waschen – welches Mädchenherz schlug da nicht höher? Die biedermeierlichen Blümchenmuster sind bis heute nicht aus der Tracht wegzudenken. Als die bedruckten kleingemusterten »Stöffle« altmodisch wurden, bestickte man Frauenmieder und Männerwesten damit. In Laichingen kennt man heute noch den Namen einer Frauengeneration, die diese Stickereien lieferte. Alte Bäuerinnen tragen sie auch gelegentlich noch.

Auch das Blau- oder Fuhrmannshemd ist eine Folge dieser Baumwollexplosion, es ist ohne das feste, blaue Baumwolltuch nicht zu denken. Es gibt Trachtenforscher, die es auf die römische Toga zurückführen; wir möchten nicht so verschwenderisch sein und mehr pragmatisch denken.

Das Blauhemd soll vom Elsaß zu uns gekommen sein, ist aber auch in anderen europäischen Ländern zu Hause. In Württemberg und den einstigen reichsstädtisch ulmischen Dörfern hat es sich fest eingebürgert, besonders in den evangelischen Gemeinden, obwohl gelegentlich auch ein Katholik ein »Blauhemmed« getragen hat. Sehr schnell kam es zu speziellen Ausformungen innerhalb einzelner Orte: hier wurde es länger, dort kürzer getragen, mal war die Achselstickerei weiß, mal schwarz oder rot. Diese Verzierung wurde ursprünglich mit der Hand, später dann mit einem besonderen Kurbelmaschinchen angebracht, meistens zeigte sie eine Art Eichelmuster. Als das Blauhemd um 1830 in unserem Beobachtungsgebiet auftauchte, muß es noch andere Arten der Ausschmückung mit Litzen und Borten gegeben haben. Bauern und Weber trugen das Hemd, meist mit einem schwarzen Weber-, Deckel- oder Zipfelkäpple, aber hauptsächlich als Werktagskleidung. Nie wäre man damit in die Kirche gegangen. Die Hausierer aus Eningen vertrieben dieses Kleidungsstück in Mengen, eine Zeitlang waren 200 Betriebe des Achalmortes mit seiner Herstellung beschäftigt. Auch in Laichingen wurden sie in größeren Mengen genäht. Die Ulmer Bauern kauften meist nur den Stoff und beauftragten die »Nähere« auf der »Stör« mit der Fertigstellung. Ein »Blauhemmed« sei, so sagen die alten Bauern, ein »geschickts« Stück, man könne es viermal anziehen, und es sei jeweils frisch: Zunächst tauscht man Vorder- und Rückseite, was der rechteckige Schnitt erlaubt, und am dritten Tag dreht man das ganze Hemd um und kann es noch zweimal tragen. Ganz alte Blauhemden, die schon geflickt sind, zieht man dann nur noch zum Mistführen an, während die neugekauften auch einmal am Sonntagmorgen »daheim rom« zu Ehren kommen.
Was man im württembergischen Gussenstadt auf der Ost-

alb um 1850 trug, beschreibt Thierer in seiner Ortsgeschichte dieses Dorfes so anschaulich, daß wir es hier wörtlich zitieren möchten:
»Die *Männer* trugen bis 1850 allgemein kurze Lederhosen (Kniehosen), Sonntags weiße und Werktags blaue Wadenstrümpfe und Schnallenschuhe. Von da an trug man zu den kurzen Hosen Sonntags Rohrstiefel und Werktags Bundschuhe. In der seitlichen Hosennaht steckte das B'steckmesser. Geringere Leute gingen Werktags in Zwilchhosen. Lange Hosen wurden erst in den sechziger Jahren allgemein eingeführt. Das kurze blaue Wams (mancherorts Mutzen genannt) von Tuch hatte zwei Reihen Knöpfe von der Größe eines Talers, an den Ärmeln waren je drei Knöpfe. Bis 1840 trugen die Männer auch ein weißleinenes Wams und ein rundes Käppchen von dunklem Tuch. Sonntags trugen sie ferner eine schwarze Samtweste oder auch eine rote Weste mit weißen Knöpfen oder silbernen Knopfriemen und eine schwarze Halsbinde mit Masche, über welche der einfache ungestärkte Hemdkragen umgeschlagen wurde. Der lange Rock mit kurzem Leib war von schwarzem Barchent und hatte keinen Kragen. Am Hochzeitstage und an den Festtagen trugen die Männer einen blauen Tuchrock mit umgelegtem Kragen; er hatte innen eine Brusttasche für das Sacktuch und die Pfeife. Auf dem Kopfe trugen die Männer Sonntags einen Dreispitzhut, wenn sie zur Kirche gingen, und nachmittags eine Samtkappe. Auch Schmerkäpple und weiße Zipfelkappen wurden getragen. Später war der Hut wieder rund. Runde Käppchen mit Zottel werden seit einigen Jahren seltener. Ein blaues Hemd wird Werktags vielfach getragen, auch von Schulknaben, dagegen an den Sonntagnachmittagen selten mehr. An den Werktagen ist häufig ein weißer oder blauer Arbeitsschurz bei Männern und Knaben im Gebrauch. Das Blauhemd trägt man herab bis zur Wöl-

bung der Wade. Die *Weber* trugen ein weißbaumwollenes gestricktes Wams, weiße Schürzen und ein rundes farbiges oder schwarzes Käppchen. Die *Schäfer* hatten weißleinene lange Kittel. Auch die *Gemeinde-Gerichtsherren* hatten besondere lange Kittel. (. . .)
Zum Sonntagsstaat der *Weiber* gehörten bis 1850 kurze Faltenröcke von schwarzem Krepp und rote ›garag'färbte‹ (aus Garn und gefärbt) Röcke, die so kurz waren, daß die weißen Strümpfe unter dem Rock ›fürreguckten‹. Ferner gab es tuchene ›g'schlagene‹ Röcke, kurze ›zuigweiße‹, ›g'flammte‹ und ›druckte‹ flächsene Röcke, die mit Wolle durchwoben waren. Wer sich jetzt nicht ›herrisch‹ kleidet, hat meist karierte und schwarztuchene Röcke. Die Kittel waren bis 1850 ebenfalls wie die Röcke aus schwarzem Krepp und wurden Mutzen oder Arabüble genannt. Auch baumwollene Kittel gab es. Später trug man Tibetkittel, weite Jacken und $^1/_3$ seidene graue oder braune Kittel und ebenso $^1/_3$ seidene Schürzen. Vordem gab es Zitzen- und Tibetschürzen. Ein schwarzes oder mattblumiges, entweder seidenes oder wollenes Halstuch mit Fransen spannte sich über den Busen. Jetzt werden meist enganliegende Jacken, sog. Peter getragen. Auf dem Kopfe trugen die Weiber früher kleine Häubchen mit schwarzem Band; in der Trauerzeit hatten sie Florhauben, zum Abendmahl schöne Bändelhauben mit einem gestochenen Samtfleck und an den Festtagen Bändelhauben mit Stahlplättlein. Ulmer Hauben (Stellhauben) waren nur wenige hier. An den Festtagen und beim Gang zum heiligen Abendmahl trugen die Weiber weiße Strümpfe mit eingestrickten Mödeln (Hamburger Ros) und kleine schwarzlederne Schuhe, fast ohne Oberleder, sog. ›Bätscherle‹. Werktags trugen sie blaue Strümpfe. Bis vor einigen Jahren konnte man noch hasenhärene (Angora) weiße Strümpfe sehen. Jetzt werden mitunter werktags noch Bundschuhe und

sonntags Zeugschuhe (Hochzeitsschuhe) getragen. Als Schmuck wurde ein Anhänger mit silberner Kette und einem viereckigen goldenen oder vergoldeten ›Plättle‹ mit drei kleinen ›Böllen‹, ferner ein silberner Fingerring mit eingraviertem Namen und endlich ein Nuster von Granaten mit goldener Brosche oder ein Nuster von Glasperlen, (Milch- oder Wasser-Bärala) und Goldperlen getragen. Zur Arbeit sind heute blaue Schürzen aus selbstgesponnener Leinwand üblich. Winters tragen die Weiber schwere wollene und sommers leichte baumwollene farbige oder weiße Kopftücher; bei manchen Beschäftigungen auf dem Kopfe einen sog. ›Hexenbund‹ (aus zwei Kopftüchern gefaltet und gebunden).«

Trachtenpflege – zurück in die »gute alte Zeit«

Mit einer Verzögerung von Osten nach Westen starb die Tracht in unserem Beobachtungsgebiet im 20. Jahrhundert langsam aus. Während in den Dörfern der Ulmer Gegend noch zur Zeit des Zweiten Weltkriegs die Kleiderausstattungen für Bräute teilweise in Trachtenmanier hergestellt wurden, und bestimmte Geschäfte in Ulm, Langenau, Beimerstetten oder Altheim noch das Zubehör bis hin zu den Silberknöpfen für die Männerwesten führten, wußte man in dieser Epoche um Münsingen und Zwiefalten schon gar nichts mehr von einer Bauerntracht. In Laichingen, ungefähr in der Mitte gelegen, stellte man zwar keine Trachtenkleider mehr neu her, bewahrte sie aber noch bis zur Mitte unseres Jahrhunderts auf, ähnlich wie in den protestantischen Orten der Blaubeurer Gegend. Einige alte Frauen tragen sie heute noch – ein Arzt am Blaubeurer Krankenhaus pflegt gelegentlich über diese Kleidung »von vor hundert Jahren« zu witzeln: Sie erschwere das Aus- und Anziehen bei Untersuchungen gehörig. Eine junge Frau in Laichingen, die beim Fensterputzen mit Wollrock und rotem Mieder auffiel, stellte sich bei näherer Betrachtung als Türkin heraus, die in ihrem gemieteten Häuschen alte Kleider »auf der Bühne« gefunden hatte – ein ungewohnter Kontrast zwischen den südländischen Zügen und dem pietistisch gearbeiteten »Weiberrock«. Aber heutzutage kaufen die jungen Leute ja auch indische und pakistanische Kleider im dortigen Lädchen und führen sie ebenso stolz aus wie ihre Großmutter einst das

Mailänder Tuch, das in seiner Herkunft auch nicht schwäbischer war!
Über die länger anhaltende Trachtenfreundlichkeit des Ulmer Landes gegenüber der Münsinger Gegend lassen sich Spekulationen anstellen, die aber keine Prinzipien sein können. Das Kleinbauerntum im Westen hat den Weg zur Industrie früher gefunden als die wohlhabenden Vollbauern um die Reichsstadt herum; Fabrikarbeit ist meist eine sichere Garantie für das Ablegen jeder Art von bäuerlicher Tracht.
Im Stil ist die Tracht beim Biedermeier stehengeblieben. Es sind noch immer die einst so beliebten kleinen Blümchen, die man auf den Miedern, heute »Leible« oder »Leib« genannt, sieht. Das rote Mieder ist vom schwarzen, blumenbestickten Samtleible abgelöst worden; ebenso die Männerweste, die die gleichen Verzierungen zeigte. Die Röcke sind inzwischen fast alle von Tuch, einem glänzenden, meist großkarierten »tafleten« und fast unzerreißbaren Wollstoff, der Generationen übersteht und im Zweiten Weltkrieg vielfach zu modischen Wintermänteln verarbeitet wurde. Vielleicht ist die unübertroffene Qualität dieses Materials einer der Gründe, daß die Tracht wenigstens als Relikt bisher noch überlebt hat. Den alten »Wifling« oder den Barchentrock gibt es nicht mehr, vielleicht taucht da und dort noch der »geschlagene« Wollrock auf, der eine Verzierung mit Stoffdruckstempeln auf einfarbigem Grund zeigt. Hauben sind nun ganz und gar verschwunden, an ihre Stelle ist bei den alten Frauen das Kopftuch, nun auch für den Gottesdienst, getreten. Neuerscheinungen gibt es so gut wie gar nicht mehr; vielleicht ist der »Stallstutzer«, eine Art Büble mit gepufften, kurzen Ärmeln für die Stallarbeit, eine der letzten. Barocke Formen, Einzelmieder und langer Flügelrock für Männer, sind natürlich längst abgelegt.

Es wäre denkbar gewesen, daß die Erfindung der synthetischen Stoffarten auch die Tracht erfaßt und ihr neuen Aufschwung gegeben hätte, ähnlich wie im 19. Jahrhundert die große Welle der mechanischen Baumwollgewebe. Trachtenähnliche Kleider werden heute auch anhand dieser Stoffe hergestellt und sehen sehr putzig, sauber und kostümähnlich aus. In den Augen der Bevölkerung sind sie aber eine Art Verkleidung »fürs Theater«, wie einmal eine alte Bauersfrau sagte: Auch wenn versucht wird, durch Handwebstoffe das »Bodag'fährtle« wiederherzustellen, gelingt es nicht, den alten Stil wieder zur Alltagskleidung zu erheben. Die eigentlichen Bauern wollen sie nicht mehr tragen: »Ma brauchts oim et glei a'seah, daß ma a Bauer isch«, ist die heutige Meinung der Landwirte, die zu einem großen Prozentsatz ihr Einkommen durch Fabrikarbeit aufbessern. Zum Abnehmerkreis zählen Leute mit der aktuellen Sehnsucht nach dem »einfachen Leben«. Von dieser Sehnsucht weiß auch der Fremdenverkehr, der da und dort mit bunten Prospekten für den Urlaub am Busen der Mutter Natur wirbt und nicht vergißt, auf altes Brauchtum und echte bäuerliche Trachten hinzuweisen. Die Dramaturgie ist immer die gleiche: Selbst wenn dem einheimischen Zeitgenossen nichts mehr bekannt ist, wird mit viel Trara eine angestammte X-hofener Tracht entdeckt; diese wird nachgearbeitet und lautstark propagiert, ohne zu wissen, aus welcher Zeit sie stammt, für welchen Gebrauch sie bestimmt war und wem sie gehörte. Während des Dritten Reiches erlebte die Tracht nochmals eine Renaissance, wobei sie für eindeutig politische Zwecke in Dienst genommen wurde. Je schwieriger sich die wirtschaftliche Lage gestaltete, desto mehr verbale Aufmerksamkeit wurde dem »Reichsnährstand« zuteil. Hitlers Propagandathese »Das Deutsche Reich wird ein Bauernreich sein, oder es wird nicht sein« hing damals auf allen ländlichen Rathäusern. 1935 fand in Neenstetten auf der Ulmer Alb eine große Bauernkundgebung statt, die verbunden war mit einer Ehrung sog. »bodenständiger« Bauerngeschlechter, die 200 Jahre und mehr auf dem gleichen Hof saßen. Es sprach der Reichsbauernführer Walter Darré, die Landleute von ganz Württemberg strömten zusammen, und die Vertreter der geehrten Familien mußten in ihrer angestammten Tracht auftreten, in der dann auch Volkstänze gezeigt wurden. Das Ganze war in seinem äußerlichen Rahmen eigentlich ein großes schwäbisches Trachtenfest. Solche Veranstaltungen förderten natürlich nochmals die Erhaltung der schon im Verschwinden begriffenen Bauernkleidung. Als in Ballendorf um 1934 eine Ortsgruppe des BdM gegründet wurde, sollte zunächst eine Uniform angeschafft werden. Die Mädchen ließen der Parteileitung dann aber mitteilen, daß sie ohnedies Tracht trügen und daß dies doch auch eine Gemeinschaftskleidung sei. Man ließ sie gewähren und der BdM Ballendorf trat fortan in der alten Albtracht auf. Mit dem Ende des Dritten Reiches hat dieser künstliche Aufschwung dann rasch aufgehört.

Die – nicht erst heute existierende – weltweite Verfügbarkeit der Kleidungsstücke und Stoffe verunsichert die ideologischen Vorstellungen von »bodenständiger Bauerntracht« immer mehr, die nicht nur bei Städtern, sondern auch bei vielen Heimatpflegern und Trachtenforschern zur Bildung von Trachtenerhaltungs- und -erneuerungsvereinen führen, die teilweise eine beachtliche Geschäftigkeit zeigen. Die Entwicklung solcher nostalgischer Bestrebungen, die als Reaktion auf die Industrialisierung zu sehen sind, wäre einer gesonderten Betrachtung wert. Es ist wohl aus unseren Ausführungen auch deutlich geworden, wie unfrei im Grunde der bäuerliche Mensch in seiner Kleiderwahl war – entweder haben ihn Kleiderordnungen, Ständevorschriften, wirtschaftliche Bestrebungen der Landesherren oder übergroße persönliche Armut, religiöse Vorstellungen und einfache Verarbeitungsweisen bestimmt.

Die Vorstellung von der »guten alten Zeit« mit den schönen, selbstgemachten Dingen läßt sich vor diesem Hintergrund kaum halten. Ausgerechnet in dem Bild vom Bauern glaubt man die Sehnsucht nach dem »einfachen Leben« gestillt – als wäre dessen Lebensweise bei all den Nöten und Abhängigkeiten jemals einfach gewesen.

Glossarium

Abent(h)euertuch — Eine Gattung Barchent oder Tuch von Wolle und Leinen, auf dem Lande fabriziert und als Ulmisches Fabrikat zum Markt gebracht. In Ulm galt das Wort insbesondere für solche Barchentstücke, welche nicht die städtische Kontrolle passiert hatten, deren Qualität also fraglich war (Schmid, Fischer).

Abwerk — Grobes Hanfgewebe, »so rauh und grob, daß es beim Waschen fast stehen bleibt« (Höslin) für Fruchtsäcke und Arbeitshemden. Dienstboten, besonders Mägde, bekamen eine ausgemachte Anzahl Ellen dieses Stoffes als Naturallohn.

Arabüble — auch Armbüble. Eine Art Mutzen (s. d.), auf der Ostalb bis 1850 getragen (Thierer). Wohl als Unterscheidung zu Gollerbüble (s. d.) gebraucht.

Armkorb — auch Ulmerkorb. Auf dessen Deckel waren farbige Verzierungen angebracht und an dessen Bauch die Jahreszahl in blauen und roten Zahlen aufgemalt.

Arras — Leichtes und geringes Wollgewebe aus Arras in der franz. Schweiz. Der Stoff war im 16. Jahrhundert in Deutschland sehr beliebt und gefragt, besonders in den Reichsstädten.

Atlas — Arabisch=glattes, feines Tuch. Das Gewebe ist auch arabischen Ursprungs und wurde von den Fuggern im 16. Jahrhundert über Venedig nach Deutschland eingeführt. Es handelt sich um ein meist in Seide ausgeführtes Köpergewebe, das, wie die meisten der ausländischen Stoffe, später im Inland nachgemacht wurde.

Augstein — auch Gagat. Stark bituminöse Braunkohle, ein verharztes fossiles Holz, das sich im Schwäbischen Jura und besonders in der Gmünder Gegend findet. Augstein wurde viel zu Schmucksachen, Nustern (s. d.) Anhängern etc. verarbeitet und ist fast in allen Inventuren, in denen Schmuck vorkommt, erwähnt.

Backelhaube — Tief ins Gesicht gehende Weiberhaube (Schmid).

Backenhaube — Gebauschte Haube, die bis zu den Backen reichte.

Bändelhaube — auch Band- oder Rollhaube. Spitze Form mit breiten gezackten Bändern über dem Rücken und unter dem Kinn mit eckigem »Haubenfleck« oder »Kappenblätz«. Sie verdrängte um 1860 die Mohrenhaube (s. d.) und wurde 1966 noch von einigen wenigen alten Frauen getragen. Letzte Haubenform im Beobachtungsgebiet.

Band, rotes — gehörte bis zum Anfang des 20. Jahrhunderts zur Tracht der ledigen Mädchen um Suppingen und Laichingen. Es wurde um den Leib geschlungen und vorn über der Schürze zur Schleife gebunden, ein weiteres kehrte am Hals und in den Zöpfen wieder. Auch in Asch, Berghülen und Machtolsheim wurden diese Bänder getragen – aber nicht in Seißen und Sonderbuch!

Barärmeltracht — auch »in Weißem« genannt. Sommer-, Ernte- und Tanztracht auf der Alb, auch in der Schweiz bekannt. Man geht in Hemdsärmeln und ohne Kopfbedekkung, Frauen wie Männer. In der Blaubeurer Gegend ging man so in die Erntebetstunde.

Barchent — Sehr vielseitig verwendetes Gewebe für alle Arten von Bekleidung und Bettwäsche. Ursprünglich leinene Kette und wollener Einschlag, aber schon im 14. Jahrhundert durch Baumwolle ersetzt, die aus Zypern kam. Vom 15. bis 18. Jahrhundert bestand ein riesiger Barchenthandel der Städte Ulm und Augsburg (Fugger); vor dem 30jährigen Krieg hatte Augsburg 6000 Barchentmeister. Schwarz gefärbt, bestritt dieser Stoff einen Großteil der Trachtenstücke bis zum 19. Jahrhundert. Die Albweber, die selbst nur reines Leinen herstellten, kauften auf dem Ulmer Markt gern den Barchent aus Biberach, der zwar Konkurrenzware zu Ulm darstellte, aber billiger war. »Ochs« hieß die allerbeste Barchentgattung, die zweite »Löw«, die dritte »Traube«, die vierte »Brief«.

Barett — Mützenartige Kopfbedeckung für Männer und Frauen. Den württembergischen Bauern durch die 1. Kleiderordnung (1549) Herzog Ulrichs verboten.

Batist auch Kammertuch. Feinste Leinwand, später auch aus Wolle, Baumwolle und Seide hergestellt. Das Gewebe stammt aus Cambrai in Flandern, wo es schon im 13. Jahrhundert von einem Leinenweber namens Baptist kreiert wurde.

Baumwolle Es ist erstaunlich, wie früh die in südlichen Ländern heimische Baumwollpflanze nach Europa gekommen ist; schon im 12. Jahrhundert lassen sich an Siegelschnüren Konstanzer Urkunden Baumwollfäden nachweisen. Die Konstanzer waren vermutlich auch die ersten Handelsherren, die die Baumwolle aus Zypern über Famagusta und Venedig einführten; ihnen folgten die Augsburger und Ulmer, und man lernte, den seither mit wollenem Einschlag hergestellten Barchent auf Baumwolle umzufunktionieren. Die Kette blieb allerdings noch lange eine leinene, man lernte in Europa erst am Ende des 18. Jahrhunderts, eine dauerhafte Baumwollkette herzustellen. Der Siegeszug des Barchents (s. d.) war nun nicht mehr aufzuhalten. Die Entdeckung des Seewegs nach Indien durch Vasco da Gama 1498 brachte die Einführung der Baumwolle in Europa erst richtig in Schwung; aus Indien kamen nun auch reine Baumwolltücher, die unter dem Namen »Indienne« (s. d.) rasch in Mode kamen. Als es dann gelang, auch in Europa reine Baumwollgewebe herzustellen, als vollends 1832 in England die erste mechanische Webmaschine lief und der Markt bald darauf mit billigen Baumwollwaren überschwemmt wurde, war das Ende der selbstgesponnenen und selbstgewebten Stoffe herbeigekommen.

Bauernschleier — s. Schleier.

Bausch — auch Baust. Kopfpolster zum Tragen von Lasten, meist aus Stroh oder Spreuer geformt und mit bunten Stoffabfällen sternförmig überzogen. Die Bäusche wurden von ledigen Frauen in Heimarbeit hergestellt und auf Märkten oder im Hausierhandel vertrieben.

Berelesfleck — Perlenfleck. Die Hinterseite der Bändelhaube, auch »Bödele« genannt, war vielfach mit Stickereien in Perlen und Metallflittern ausgenäht.

Bestkleid — Zur Zeit der Leibeigenschaft mußte nach dem Tod einer leibeigenen Frau das beste Kleid an den Grundherrn abgeliefert werden. Es handelte sich dabei nicht nur um ein einziges Kleid, sondern eine ganze Ausstattung von der Haube bis zu Strümpfen und Schuhen.

Bettschurz — Weiße Schürze, besonders im Besitz von Wirtinnen, die zum Bettenmachen angezogen wurde.

Bieble — s. Büble.

Blauhemd — auch Fuhrmannshemd. Wohl von der Burgunderbluse oder dem Urner Hemd beeinflußtes, loses und über die Hose

	fallendes Arbeitshemd für Bauern und Fuhrleute, seit etwa 1830 getragen. Gerade geschnitten, ohne Kragen und meist mit Stickerei an den Ärmeln, dem vorderen Schlitz und auf den Achseln verziert, die je nach Ort weiß, blau, schwarz oder rot sein kann.
Blechschurz	Trachtenschürze im Ulmer Land aus silberglänzendem Damast mit schwarzen Borten; teilweise noch heute getragen, aufgekommen um die Mitte des 19. Jahrhunderts.
B'lege	Von belegen; Stoffstreifen als Besatz, heute innen am Rocksaum der Trachtenröcke, früher auch außen als Zierde angebracht (s. auch Juppe).
Bockelhaube	Gebauschte Haube, die in der Augsburger und Ulmer Gegend von Frauen getragen wurde (Fischer).
Bodenhaube	auch Ohrenhaube. Sie bedeckte die Ohren, war aus Samt, Plüsch oder Taft, aber auch weiß gesteppt und »abgeneht«. Um 1700 erstmals auftauchend, in ev. Dörfern schwarz, in kath. Gemeinden auch blau. (»1 samtene und 3 gesteppte Bodenhauben», Feldstetten 1739).
Bombasin	Anderer Name für Barchent (»1 grüner bombasinener Rock«, Trailfingen 1740).
Bortenwirker	Angesehener zünftiger Handwerker im 17. Jahrhundert, der gewebte Bänder herstellte; auch Pfarrerssöhne erlernten den Beruf.
Bossen	Schnürstiefel.
Boy, boyen	Dicker, lockerer Flanell, aus Wolle; tuch-

	artiges Gewebe, Kette von gekämmter Wolle. Häufig schwarz eingefärbt, für Klagmäntel und Röcke; schon vor dem 30jährigen Krieg erwähnt.
Bräm, Brämkappe	Rand, Einfassung. Bei Kleidern, Mänteln und Mützen aus Seide, Samt oder Pelz (»verbrämen«). In den Dörfern hat sich die Brämkappe, die Pelzmütze für Männer, am längsten gehalten.
Breisle	Saum am Hemd, Einfassung, verzierte Kante.
Brokat	Großzügig gemusterter Stoff, häufig mit Gold- und Silberfäden.
Brust, Brüstle	Name für das weibliche Mieder oder auch nur für den Vorstecker (s. d.). Im 20. Jahrhundert bei Männern auch falsche, vorgebundene Hemdbrust.
Brusttuch	Altes Wort für Weste bei den Männern; kann auch langärmelig sein (»1 alt roth tüchin Brusttuch«, Trailfingen 1710; »ein alt blautüchenes«, »1 weiß gestepptes«, Feldstetten 1700).
B'scheißer	Weibliches Hemd, dessen Ärmel aus feinerem Stoff gearbeitet sind als der Rumpf. Da dieses Hemd zum ärmellosen Leibchen oder Mieder getragen wurde, kamen nur die Ärmel zum Vorschein, wogegen das übrige Hemd verborgen blieb. (»1 mittl. B'scheißer«, Feldstetten 1723).
Buckskin	Gewalkter, leicht angerauhter, wollener Anzugsstoff für Männer im 19. Jahrhundert.
Büble	auch Steiner, Peter, Mutzen, Schalk etc.

	Stoffjäckchen zum Leiblesrock, in allen möglichen Stoffarten und Farben, in Boleroform geschnitten, auch pelzgefüttert, vom 16.–19. Jahrhundert. Der Ausdruck kommt fast nur in altwürttembergischen Orten vor. Abgebildet schon beim tanzenden Bauernpaar von Albrecht Dürer 1512.
Buffin	Reiner Wollstoff um 1600.
Burschat	auch Bursat, bayrisch wursat. Leichtes Gewebe aus Wolle mit Seide, im 16. Jahrhundert besonders beliebt. (Ein Stück Burschat war der Siegerpreis bei einem Wettschießen der Fuggerleute).
Burstetin	s. Brokat.
Buttenmannskappe	Pelzhaube für alte Frauen, mit Marder- oder Otterpelz und grünem oder blauem Samtboden.
Cadizin	Stoffart aus Cadiz in Spanien, 17. Jahrhundert.
Calaminken	Gemusterter Wollstoff niederländischer Herkunft, geblümt oder gestreift, besonders für Mieder.
Cameloth	auch Schamloth. Gröbere Wollstoffsorte, ursprünglich in Oberitalien hergestellt, aus Kamel- und Ziegenhaaren.
Carmoisin	Hochrot, eine der teuersten Farben. 1530 sogar dem Adel, 1600 noch Beamten, Schreibern etc. verboten.
Chagrin	Eine Art Pergament aus den Rückenstücken von Esel-, Pferde- und Kamelhäuten; schwarz, rot und blau gefärbt; vielfach zu Frauenhauben, noch im 19. Jahrhundert, verwendet; sehr dauerhaft.

Chenillehaube	Aus dickem Chenillegarn gestrickte Kopfbedeckung, die im 20. Jahrhundert die Roll- oder Bandhaube ablöste.
Corduan	Ziegenleder, viel zu Mützen für die Bauern und Handwerker im 19. und 20. Jahrhundert verwendet.
Cotton	s. Kattun.
Crepp	Lockerer Stoff mit krausen Fäden aus Seide, Halbseide oder Wolle. (1747 hatte Frau Pfarrer Rösler in Feldstetten 3 creppene Zughauben).
Damast	Reichgemusterter Seiden-, später Baumwollstoff; ursprünglich in Lucca durch die Ravensburger Handelsgesellschaft aufgekauft; der Name kommt von der Stadt Damaskus.
Degen	Diese Waffe trugen in unserem Beobachtungsgebiet mehrere Amtspersonen, Schultheißen, Bürgermeister etc. Im Vererbungsweg kamen sie dann auch an die Bauern, die kein Amt innehatten.
Denkring	Gedächtnis- und speziell Verlobungsring (Fischer).
Distelsait(h)	Gewebe aus kurzer Wolle, in Calw um 1600 hergestellt; damals gab es dort 50 Distelsaithweber. Sie arbeiteten mit der Distel, der sog. Weberkarde. Nach dem 30jährigen Krieg ist der Stoff nicht mehr erwähnt.
Dotengeld	auch Todtengeltlin. Taufmünze von der Patin (= Dote).
Dreispitz	auch Nebelspalter genannt. Männliche Kopfbedeckung der Bauern im 18. und 19. Jahrhundert, in Württem-

berg sogar manchmal zur Arbeit getragen. Es gab verschiedene Formen des Tragens; Spitze nach vorn, seitlich oder hinten, Krempe seitlich aufgeschlagen oder aufgebunden; Breitseite nach vorn für Gänge aufs Rathaus.

Drilch	auch Trillich. Mit dreifachem Faden gewobene Leinwand (später durch das Militär sprichwörtlich geworden).
Einschlauf	Vollständiger Anzug bei Mann und Frau, auch als Verb »eischliefa« und »eig'schloffa« = vollständig angezogen sein; kommt besonders im Altwürttembergischen und Ulmischen vor.
Elle, Ehle	Altes Stoffmaß, von der Länge des Unterarmknochens abgeleitet (Ehlenmeß = Meterstab).
Engelsait(h)	Grober Wollstoff, Nachfolger des Distelsaith (s. d.); geringe Breite und billig, rasch emporgekommen, Calwer Fabrikat. Nach dem 30jährigen Krieg nicht mehr hergestellt.
Ermele	auch Ärmelhemd, Ärmeljacke, Gollerbüble. Leichter Weiberkittel, Bestandteil der Hippentracht (s. d.). Der Ausdruck soll (n. Schmid) aus der Schweiz stammen, er kommt in unserem Beobachtungsgebiet hauptsächlich in Dapfen, Ödenwaldstetten, Marbach vor, wo es nach dem 30jährigen Krieg viele Schweizer Einwanderer gab.
Fazenet	Taschentuch.
Fechlin	auch Fächel. Leinwand, die an den Schleier geheftet herabhängt (Schmid).

	Erwähnt im 17. Jahrhundert um Laichingen.
Federritt	Leinwand, auf der einen Seite federartig anzufühlen, für Bettschläuche, aber auch winterliche Oberkleidung.
Felleisen	Ranzen der Handwerksburschen, aus Leder, auch »haarig« in der Form eines Schulranzens.
Femmel	Der männliche, zarteste Hanf.
Femmelreusten	Stoffart, gewoben aus männlichem Hanf.
Ferrandine	Mischgewebe aus Seide und Baumwolle.
Fischbein	Aus den Kieferknochen des Walfischs gespaltene Stäbchen zur Verstärkung von Miedern.
Flächsen	auch Fläxen. Feinerer Leinenstoff, auch für Gollerbüble, Schleier und Tanzschürzen verwendet.
Flanell	Leichtes wolliges Gewebe, (»1 flanellen neu Brusttuch«, Feldstetten 1719).
Flor	Halsbinde. Zu Beginn des 18. Jahrhunderts erschienen italienische Hausierer und verkauften den schwarzen Halsflor aus Crepon oder Baumwolle. Nun wichen die weißen Krägen, alles trug Flor um den Hals. »Die Consumtion unter dem Landvolk ist äußerst stark« (Köhler 1790). Ab 1806 wurde diese Stoffart von einheimischen Firmen hergestellt; die Flöre gelten als Vorläufer der Krawatten, obwohl auch von Frauen getragen.
Florettseide	Aus Abfallfäden gesponnene Seide.
Florhaube	Schwarze Haube mit einem die Stirne beschattenden Schleierchen (19. Jh.).

Flügelkittel	s. Justaucorps.
Freiskette	Kette mit abergläubischer Heilwirkung gegen Krankheiten, besonders bei Kindern, s. auch Kindsgehäng.
Fries	Tuchartiger, geköperter Stoff aus zweischüriger Wolle.
Fürtuch	Schürze in einfacher, gerader Form, wohl für die Festtagstracht, meist rot, bei Männern und Frauen erwähnt.
Fuhrmanns-hemd	s. Blauhemd.
Fu(h)zkäschtle	Mundartausdruck für Lederhosen.
Gemusterte Stoffe	Sie kommen erst im letzten Drittel des 17. Jahrhunderts auf, zuerst gestreift. Vorher waren die Stoffe der Bauerntracht ungemustert.
Gesäß	Alter Ausdruck für Lederhose.
Geschlagener Rock	Wollrock aus Tuch, meist mit kleinem Rautenmuster lila auf schwarz; das Muster wurde mit Metallstempeln aufgeschlagen. Sehr oft erwähnt im 19. Jahrhundert.
Gimpe, Gimpen	Scharf gedrehte Zwirne aus mehreren Baumwollfäden, die dann mit Seide oder Metallfäden überzogen wurden. 1841 gab es in Württemberg 6 Gimpenstricker.
Gimphaube	auch Gimpt- oder Gemphaube (mundartlich Storchennest). Geldhaube aus Gimpen. »Der Weiber Hauptschmuck ist die Gimpenhaube, die reich mit Gold oder Silber bestickt sein und eine randförmige Kranzeinfassung haben muß. Sie kostet oft allein bis zu 3 Louisdor«

(Griesinger). In der Ehinger und Biberacher Gegend, auch um Zwiefalten verbreitet.

Gippe — s. Juppe.

Goller — Von der spanischen Mode herrührender, passenartiger Schulterkragen der Frauentracht; in weißem Leinen oder buntem Wollstoff, teils mit Borten, später auch aus Taft und Seide. In einigen Gegenden von der Kirche zur Bedeckung eines üppigen Halsausschnittes vorgeschrieben, bis Mitte des 19. Jahrhunderts vorkommend.

Gollerbüble — auch Ärmelhemd, Kittele, Ermele, Ärmeljacke. Leichter sommerlicher Weiberkittel aus Leinenstoffen, der wohl zur Juppentracht (s. d.) getragen wurde, etwa ab 1750. In der württ. Kleiderordnung 1681 sind die »unerbare und ärgerlich ausgeschnittene Gollerbüblin« untersagt.

Golsch — Schwarze, gewässerte Leinwand, die auf den Ulmer Golschenhof zum Stempeln gebracht wurde.

Granat — Halbedelstein, zu Halsketten und Paternostern viel verwendet.

Grobgrün — Keine Farbe, sondern eine Stoffbezeichnung, die schon vor dem 30jährigen Krieg auftaucht. Eine Art seidenen oder wollenen Köper-Zeugs mit groben und dicken Fäden; Name verderbt aus dem Französischen »gros grain«.

Gürtel — Bis zum 18. Jahrhundert in fast jeder besseren Frauentracht erwähnt, auch mit Anhängern, Messern etc.; ursprünglich zum Aufschürzen der langen Röcke bei der Arbeit. Es gab Riemen-, Rosen-, Schlangen-, Knöpfles- und Ketteles-gürtel.

Halbtuch Eine Stoffart, die nur halb Tuch, halb feine Wolle ist (Fischer).

Handschuhe Fast in jeder Inventur erwähnt, bei Männern und Frauen, aus Leder aller Art, auch Hundshaut (1710 Feldstetten), Zwilch, Wolle, auch gestrickt und pelzgefüttert.

Hexenbund Mit zwei Kopftüchern gebundene Kopfbedeckung älterer Frauen, hauptsächlich im Ulmer Landgebiet. Das erste Kopftuch wird über die Stirn nach hinten, das zweite gesichtsumrahmend unterm Kinn gebunden. Der Name kommt daher, weil alte Frauen früher oft mit Hexen identifiziert wurden.

Hippe Kleidung der Baarfrauen mit kurzem, enggefälteltem Rock und roten Strümpfen (s. a. Juppe).

Indienne Eine Art Kattun, der gegen Ende des 17. Jahrhunderts in Massen eingeführt wurde. Ein schlichtes, buntbedrucktes Baumwollgewebe, das durch die Handelskompagnien der Engländer, Holländer und Franzosen aus den Ländern des Ostens, hauptsächlich Indien nach Europa gebracht wurde. Es gab damals einen wahren Kattuntaumel, die Baumwollexplosion wurde durch diesen Stoff eingeleitet. In Europa verstand man es erst wesentlich später, Tuch aus reiner Baumwolle herzustellen.

Jacquardwebstuhl — Eine um 1831 eingeführte, von dem französischen Techniker Joseph-Marie Jacquard 1805 erfundene Webmaschine, mit der auch gemusterte Stoffe gewebt werden konnten wie Damast, Dekorations- und Kleiderstoffe. Da dieser Webstuhl höher war als der seitherige gewöhnliche Handwebstuhl mit Leinenbindung, konnte er in der »Dunke«, dem Weberkeller, nicht mehr aufgestellt werden. In den Fabriksälen mußte die seitherige kellerbedingte Feuchtigkeit künstlich hergestellt werden.

Juppe — auch B'leginrock. Mit Streifen oder Borten besetzter, kleingefältelter Frauenrock, der in der vorderen Mitte offen und mit Schleifen so gebunden war, daß man den Unterrock sehen konnte. Das Grundwort soll das persisch-arabische »djubbeh« für ein kaftanartiges Obergewand sein, das die Kreuzritter dort kennenlernten und nach Europa brachten. Die Juppentracht ist die älteste in unserem Gebiet, sie hat noch kein Mieder, wohl aber den Umb- und Vorderschurz (s. d.). Diese Röcke waren aus Leinen oder Wolle, sie sind als Neuanschaffung letztmals erwähnt in Asch (1704) und Feldstetten (1709). Der Juppenrock hatte lediglich einen schmalen Querstreifen als Mieder, der an den Rock angenäht und durch eine Art Träger gehalten wurde; der Rockansatz ging über die Brust und nicht über die normale Taille, hatte sich also nach oben verschoben. Ähnliche Formen waren vor einiger Zeit noch im Bregenzer Wald und im Kleinen Walsertal zu sehen. Die Hauptblütezeit war um 1500, Seb. Brant (1458–1521) erwähnt diese Tracht in seinem »Narrenschiff«.

Justaucorps — Aus dem Uniformrock entwickelter, enganliegender, knielanger und hinten geschlitzter (flügelartig) Männerrock von etwa 1670 bis Ende des 18. Jahrhunderts.

Kamisol — Eine Art Ärmelweste für Männer mit niedrigem, stehendem Kragen und Knöpfen, die bis zu den Knien reichen konnte und gegen Ende des 17. Jahrhunderts aufkam. Form und Stoffart richteten sich meist nach dem dazu getragenen Überrock.

Kaschmir — Durch den ägyptischen Feldzug Napoleons I. (1798/99) waren die feingewebten, mit der Hand bestickten indischen Tücher in Europa bekanntgeworden. Kaschmir war damals ein sehr begehrter Stoff, ein leichtes Wollgewebe aus den Grannenhaaren der tibetanischen Ziege, vielfach als Schal oder Stola getragen.

Kattun — auch Cotton. Bedrucktes Baumwolltuch aus ostindischer Baumwolle (s. Indienne). Später in Europa nachgearbeitet und auf mechanischem Weg hergestellt. Kattun kommt um die Wende zum 19. Jahrhundert auf.

Kernwolle	Schlechte Art von Wolltuch.
Kindsgehäng	Kette mit allerhand Anhängseln, die dem Kleinkind um den Hals gehängt wird und für seine Gesundheit und sein Gedeihen gut sein und Glück bringen soll: Wolfszahn, Maulwurfspfote, Dachshäutle, Taler und sonstige Münzen, Blutsteine, Krebsaugen – je nach Konfession. Die Zahl sollte möglichst eine ungerade sein. Erwähnt bis Ende 18. Jahrhundert.
Kirchenmantel	Nur vor dem 30jährigen Krieg bei älteren und ehrwürdigen Frauen erwähnt. Es handelt sich um ein langes, »plissiertes«, rundgeschnittenes Kleidungsstück ohne Ärmel, das meist aus Engelsaith (s. d.) gearbeitet ist.
Kleiderfall	s. Bestkleid.
Knierinken	Schnallen, Spangen, Spornschnallen an Hosen und Strumpfbändern (»Ringkenschuh« = Schnallenschuh). Das Wort wurde später zu Ringle verschliffen. »Knieringle« sind dann ganze Strumpfbänder, meist von Frauen unter dem Knie getragen und für den Sonntag mit Straminstickerei verziert.
Kölsch (halbkölsch)	Eine Barchentart mit blauen Streifen; die Konstanzer ließen Barchent in Köln färben, daher der Name, der in fast allen Bettwäscheinventuren vorkommt.
Korsett	Im 19. Jahrhundert kam die Korsettweberei auf, in unserem Gebiet zuerst in Städten (Münsingen, Göppingen), dann aber auch auf dem Land (Gussenstadt).

Beim Korsett handelt es sich um eine Art Mieder, das nicht vorn, sondern auf dem Rücken geschlossen wurde und oft auch nur »darunter« getragen wurde. Die Abgrenzung zwischen Kleidungsstück und Unterwäsche ist hier fließend; Korsett als sichtbares Obermieder wird hauptsächlich in katholischen Gegenden erwähnt.

Kragen — Im 18. Jahrhundert als Einzelstück bei Fraueninventuren oft erwähnt; es handelte sich wohl um eine Art Halsrüsche, meist aus weißem Wäschestoff, die später vom Flor (s. d.) abgelöst wurde. (»1 mittl. Kirchenkragen«, Feldstetten 1730; »1 Halßkräglen samt Schlößlen«, Feldstetten 1740).

Krapprot — Färberröte, aus Krapp gewonnen.

Krontuch — auch Cronrasten. Eine feine, mit Krönchen gezeichnete Stoffart.

Kutte — Unterrock für Frauen, ähnlich weit geschnitten und gearbeitet wie der Oberrock, manchmal auch ein abgetragener solcher.

Leible, Leib — Rumpfteil der Kleidung bei Mann und Frau.

Leiblesrock — Weiter, gezogener Frauenrock aus dunklem Wollstoff mit angenähtem, meist weichem Mieder, also ohne Fischbeinstütze und Verschnürungen.

Leinen — Sammelwort für verschiedene Stoffarten: Stuckbletz, Femmeltuch, Abwerk, Kammertuch, Kölsch, Federritt, Reusten, glatte Leinwand, Zwillich, Drillich,

Segeltuch, Canevas, Damast, gemodelte Leinwand, Hosenzeug etc. Tritt der Ausdruck in Inventuren auf, handelt es sich meistens um fertig gekaufte Leinwand (sonst flächsen, reusten etc.). Die einzelnen Sonderformen sind unter ihren Spezialnamen erklärt.

Leisten — Streifen in den Barchentstoffen (großleistet, kleinleistet).

Levite — Mantelartiges Frauenüberkleid, gegen Ende des 18. Jahrhunderts aufgekommen. Nur bei nichtbäuerlichen Inventuren, meistens Pfarrfrauen.

Limeth — Feine Glanzleinwand, besonders in Schwarz eingefärbt, woraus »Schürtze und Ermel gemacht werden« (1787 Tübingen/Baar).

Lindisch (lündisch) — Tuch aus London, in einigen Kleiderordnungen für den einfachen Mann verboten. Manche Forscher erklären es auch als niederländisches Tuch (Hottenroth).

Loden — Besser gewebtes, leinenes oder wollenes Tuch; meist grün gefärbt.

Mailändertuch — Großes schwarzes Seidentuch für Frauen mit farbigen eingewebten Rändern, ursprünglich von Kaminfegern aus Mailand mitgebracht, später unter diesem Namen im Land hergestellt.

Manchestersamt — Kräftiges Baumwollsamtgewebe mit Längsrippen, im 18. Jahrhundert für männliche Arbeitskleidung und Frauenmieder aufkommend; mundartlich »Ribeletuch«.

Mechlisch — Tuch aus Mecheln in Belgien (Provinz

Antwerpen), schon im 16. und 17. Jahrhundert in Ulmer und Augsburger Urkunden erwähnt.

Meliert auch schillernd, schielend genannt. Die Stoffe sind in bäuerlichen Inventuren selten, eher städtisch; viel genannt in Steckbriefen des 19. Jahrhunderts.

Merino Schafrasse mit feiner, kurzer, gekräuselter und elastischer Wolle, die von den württembergischen Fürsten sehr gefördert wurde. Die Tübinger Kaufleute Bahr und Schmidt besaßen eine der schönsten Merinoschafherden mit 1800 Stück, deren Stamm sie aus Frankreich erhielten. Durch die Wolle dieser Schafe wurde das einheimische Wolltuch sehr verfeinert.

Merlinhaube auch Florhaube. Haube mit Schleierbesatz, der das Gesicht zur Hälfte verdeckte.

Mieder Im 18. und 19. Jahrhundert in jeder Fraueninventur erwähnt, meist als Einzelteil, also nicht an den Rock angenäht, und als ärmelloses Schnürmieder mit Fischbeinversteifung und Vorstecker (s. d.) getragen. Vielfach in Rot oder Blau mit metallenen Schnürhaken aus Eisen oder Silber, je nach Stand; bei Wirtsleuten auch mit Borten besetzt. Ein schwarzes für die Trauer gehörte zu jeder Aussteuer.

Mohrenhaube Von der Bändelhaube abgelöste, stark gemusterte Haube aus schwarzem gewässertem Taft, am hinteren Teil mit einem großen schwarzen Samtboden versehen. Teilweise mit Gesichtsflor und langen Hänge- und Knüpfbändern ausgestattet.

Mousselin — Ein im Orient beliebtes Gewebe, das aus der irakischen Stadt Mossul am Tigris stammt.

Mousselinstickerei — Im 19. Jahrhundert sehr beliebt, vielfach zu Einzelteilen, z. B. Krägchen verwendet. Im Auftrag von Schweizer Firmen leisteten viele hundert Frauen in der Ebinger Gegend, auf dem Heuberg und in Oberschwaben diese Stickerei als Heimarbeit.

Mutz(en) — Oberkittel beim Mann und bei der Frau aus Barchent, Leinen, Cotton, Tuch etc. Bei Männern waren die Vorderkanten des losen Kittels umgeschlagen und mit vielen Knöpfen aus Metall oder später in übersponnener Arbeit besetzt; man trug ihn im 19. Jahrhundert hauptsächlich am Sonntagnachmittag. Bei den Frauen wurde der Ausdruck in einigen Gegenden statt Büble oder Steiner benutzt; Grenzen lassen sich nicht genau festlegen, auch zeitlich läßt sich nichts Sicheres sagen, in manchen Breiten taucht der Ausdruck schon früh auf, in unserem Gebiet kaum vor dem 18. Jahrhundert; die früheste Erwähnung stammt aus Feldstetten: »1 guter Kirchenmutzen«, 1702 (Mann). »Mei Hemmed leit mr näher als mei Mutz«, ist als treffende Redensart bei Fischer in seinem Schwäbischen Wörterbuch erwähnt.

Narrenfarben	So wurden im Schwäbischen Blau und Grün zusammen bezeichnet (Birlinger).
Nebelkappe	Verhüllende Mütze, Kapuze o. ä., auch Ohrenhaube, womit man »in der Klag«, also bei Trauer, das Angesicht verhüllte (Birlinger). Offenbar für beide Geschlechter gebraucht.
Nesteln	Schmale Bänder oder Riemchen zum Schnüren der Mieder, Schuhe, Hosen oder zum Einflechten in die Haare, besonders aktuell zu der Zeit, als noch keine Knöpfe getragen wurden. Sie wurden angefertigt aus Leder, Wolle, Seide – die letzteren waren für Bauern verboten. Auf dem Markgröninger Schäfermarkt, dem ältesten in Württemberg, gab es einen »Schaforden der ledernen Nesteln«; es gab auch Nestelfeste, Nestelhemden, Nesteläcker und nicht zuletzt den berühmten Nestelschwaben. »Nestelträger« nannten sich die Hausierer, die auf Kirchweihen und Märkten diese beliebte Ware verkauften.
Nuster	Weibliche Halskette; das Wort ist von »Paternoster« abgeleitet, auch die Sache selbst ist daraus entstanden: Als nämlich die Gmünder Schmuckhändler, die vor der Reformation nur mit Devotionalien und Rosenkränzen gehandelt hatten, »säkularisieren« mußten, um auch in protestantischen Gebieten ein Geschäft zu machen, stellten sie »Nuster« als Schmuck für die Frauen her. Rosenkränze wurden auch vorher schon mund-

artlich »Betnuster« genannt. Augstein (s. d.), Korallen, Granaten (s. d.), Bein etc. lieferten das Material für die Perlen, auch gewöhnliches Glas. Im 18. Jahrhundert finden wir Nuster nur in »gehobenen« Bauernfamilien wie Wirten, Heiligenpflegern etc. »1 3rayhig Corallennuster«, Trailfingen 1710, »1 Nuster mit Samtschlößle«, Dapfen 1780.

Ochs — So wurde in Ulm die beste Gattung Barchent genannt; die zweite hieß Löw, die dritte Traube, die vierte Brief. Diese Gütezeichen gab es vermutlich schon im 14. Jahrhundert, sie galten auch in Nördlingen und Basel. (Schmid)

Ohrenhaube — Enganliegende Haube mit schmaler Spitzenrüsche; sie wurde unter diesem Namen auch in der Schweiz getragen.

Päterlen — s. Paternoster.

Palatine — Ein großes Spitzentuch, kragenartig umgelegt, aus dickem Samt oder Pelz, nur bei Pfarrfrauen erwähnt (wörtl. = Pfalzgräfin).

Panzerkette — Breite, flache, silberne Uhrkette bei Männern in der Ulmer Landgegend.

Paternoster — auch Päterlen. Rosenkranz. Gebetshilfe in Gestalt aneinandergereihter Perlen aus Edelsteinen, Elfenbein, Holz, Glas, Kunststoff etc. Schwarze Paternoster aus Gagat finden sich in Inventaren aus katholischen Dörfern sehr viel. Nach der Reformation verboten, aber, »wie auch Gemälde und Grabmale ausweisen, noch lange nachher im Gebrauch«

(Fleischhauer). Das Wort »Nuster« (s. d.) für den Halsschmuck der Frauen ist daraus entstanden.

Pelz auch Bel(t)z. Billige Sorten sind im ganzen Gebiet mehrfach erwähnt, besonders als Futter. »Die Schwaben haben sich auch darzu gewöhnt, wiewol sie unter einem kalten Himmel wohnen, so gebrauchen sie sich doch keins Kleids, ohn allem daß sie ein Fell oder Beltz umb ihr Leib schlagen« (Seb. Münster 1628). Pelzstücke erscheinen besonders im 17. und zu Anfang des 18. Jahrhunderts.

Pers, persen Baumwollstoff aus Persien, wo die Baumwolle wild wächst, auch als Calico verarbeitet. (»1 persener Goller«, »1 persene Merinomutz«, Bichishausen, 1849).

Peter, Peterle auch Büble (s. d.), Steiner u. a. Bezeichnungen. Frauenjacke.

Petschaft(sring) Mode im 18. Jahrhundert für ehrbare Männer, Gemeinderäte etc., die viel unterschreiben mußten und dann gern ihr Petschaft »dazudrückten«. Dieser kleine Siegelstock wurde auch an der Uhrkette getragen, er war vom Petschierstecher angefertigt und mit Initialen, Standeszeichen und Wappen versehen.

Pfuhler Zopf auch »Mädchenstaat« genannt. Ein dikkes Gewinde künstlicher Zöpfe aus Flachs oder Werg, mit Bändern durchflochten oder mit rotem Seidenstoff überzogen, das, zur natürlichen Frisur gesteckt, bei Hochzeiten und Tanzfestlichkeiten von jungen Mädchen getra-

	gen wurde. Auch Konfirmandinnen trugen ein ähnliches Gesteck. Die Mode kam zuerst bei Ulmer Bürgerstöchtern auf und verbreitete sich dann auf dem Land. Der Zopf ist benannt nach der Gemeinde Pfuhl bei Ulm.
Pudelkappe	auch Wollplüsch, Zottelkappe. Warme, über den Kopf gezogene Mütze für Männer, oft mit Pelzbesatz.
Regenbogenschüssele	Keltische Goldmünze, die auf dem Acker gefunden wurde und in mehreren Inventuren, oft im Erbgang, wiederkehrt.
Reginahaube	auch Reginele, Radhaube, Stellkappe genannt. Radförmige, reich mit Bändern und Goldstickerei verzierte Frauenhaube. Im Beobachtungsgebiet selten, mehr im Oberland und in Städten getragen.
Reifrock	Weiter, meist gezogener Frauenrock, innen mit hölzernen Rundreifen gestützt; taucht bereits 1719 auf, hauptsächlich jedoch in der Mitte des 19. Jahrhunderts auch in der bäuerlichen Mode.
Reusten	Von rysti = riste; Büschel gehechelten Flachses (Lexer). Feinere Leinwand, in einigen Gegenden von der Hausfrau, nicht von den Mägden gewebt, für Goller, Tanzschürzen, Ärmeln bei den B'scheißern etc. Der Ausdruck ist fast nur im Württembergischen bekannt.
Rincklen	s. Knierinken
Röschen, silberne	In manchen Gegenden wurden an die Enden der Zopf- und Schurzbändel von den Mädchen kleine silberne Figürchen angehängt, meist in Form von kleinen

Rosen und nur für sonntags oder zum Tanzen.

Rollhaube — Frauenhaube, noch um 1950/60 von alten Frauen auf der Laichinger Alb getragen; eine spitze Form mit großer Schmuckschleife im Nacken und dem »Bödele« darüber. Für die Trauer bestand dieses nur aus schwarzem Samt und die langen Moirébänder waren kleingezackt, statt wie üblich mit längeren, schmäleren Zacken versehen.

Samt — auch Sammet. 1515 errichtete Martin Scheler, der vorher in einer Samtfabrik in Italien tätig gewesen war, eine solche in Ulm. Kaiser Maximilian besuchte diese und bekam ein Stück Samt verehrt. Der Stoff war von den Vornehmen sehr begehrt und schon im Mittelalter getragen. Die bäuerliche Mode übernahm ihn erst sehr viel später, im 18. und 19. Jahrhundert, als es billigeren Baumwollsamt gab und die Kleiderordnungen, die den Landleuten diesen Stoff verboten hatten, unwirksam wurden.

Saumägle — Samtene, mit Pelz gefütterte und mit Otternfell verbrämte, auch lederne runde Mütze ohne Stulpen für die Männer (Schmid).

Schalk — Eine Art Wammes oder Oberjacke für Männer, gelegentlich auch für Frauen, sie trugen ihn zum Reifrock mit bauschigen Ärmeln in Ulm, Neu-Ulm, Nördlingen und im Allgäu. Die Männer durften nicht »im Schalk herumlaufen«, wenn

	sie vor die Lade der Weberzunft kamen, da mußten sie im Rock kommen.
Schappel	Kopfputz aus Draht mit Perlen, Flitter, Metallplättchen und buntseidenen Bändern geschmückt. Nur von ledigen Mädchen getragen, zur Konfirmation, als Patin und zur Hochzeit.
Scharlach	Um 1370 schon bekannter, schmiegsamer, trikotähnlicher Stoff, zuerst in mehreren Farben hergestellt, später nur noch in der Farbe Rot; im 17./18. Jahrhundert von der bäuerlichen Mode für Brusttücher und Mieder übernommen.
Schaufelhut	An einer Seite aufgekrämpter Filzhut des Bauern (Fischer).
Schetter	auch Schätter. Eine Art lockere, undichte Leinwand, vielfach als Steif- und Glanzschetter verarbeitet, schwarz und grün, seltener auch rot gefärbt; zu Schürzen und Gollern, manchmal auch Röcken verwendet. Schon 1461 erwähnt und 1470 bei der Beschreibung des Münsinger Wappens: ». . . und soll ein roter Strich von Schetter um die Feldung gehen.«
Schlättleskappe	Schildmütze.
Schlappen	Hausschuhe.
Schlauden	Gamaschen, auch alte Schuhe.
Schleier	Diese, noch vom Mittelalter herrührende Art der sonntäglichen Kopftracht für Frauen ist in sehr vielen Inventuren des 17. und 18. Jahrhunderts erwähnt und ist dann von der eigentlichen Haube abgelöst worden. Es gab Schleier aus Flachs,

	aus Leinen, Wolle und Baumwolle; es gab Wickel-, Aufsatz-, Fächlens-, Bauren- und städtische Schleier – schon früh wurde hier der Gegensatz zwischen Stadt und Land herausgehoben. Aufsatzschleier wurden über einem Drahtgestell getragen, die Form der anderen Schleier können wir leider nicht mehr nachvollziehen. Schleiertuche waren eine sehr kostbare und feine Webarbeit, sie durften nur von Meistern des Handwerks hergestellt werden.
Schlupfer(le)	Eine Art Muff für ehrbare Frauen, Pfarrerinnen, Schultheißinnen. Nicht mit dem heutigen Schlüpfer zu verwechseln!
Schnabelkappe	Eine Art Backelhaube (s. d.) mit Spitzen.
Schneller	Früher allgemeines Garnmaß. Ein Schneller hatte 1000 Fäden, d. h. Umdrehungen des Haspels, das Quantum, nach welchem die Feder schnappte (schnellte). 10 Schneller waren etwa ein Pfund Garn; es gab Schnellermärkte, z. B. in Laichingen bis Mitte 19. Jahrhundert. Wöchnerinnen oft als Grabbeigabe mitgegeben.
Schnupptücher	Unter diesem Namen tauchen im 18. Jahrhundert die ersten Taschentücher auf, zunächst nur in geringen Mengen und in Familien von Pfarrern, Schultheißen, Gemeinderäten etc.
Schurz	Keine weibliche Inventur ist ohne dieses wichtige, kleiderschonende, arbeitsfreundliche und fleißbetonende Zubehör. Aus jeder Art von Stoff, für jede

Gelegenheit im Tageslauf, für jede Festlichkeit vom Abendmahl bis zur Hochzeit gab es Schürzen, manchmal sogar für vorne und hinten, wie Köhler aus Nehren meldet und wie Vorderschurz und Umbschurz aus der Juppentracht auch getragen wurden. Oft hatte jede Bäuerin einen blauen, einen weißen und einen schwarzen Schurz, eventuell auch mehrere, aber das waren die Standardfarben, wobei der blaue für die Arbeit, der weiße für sommerlichen Festtag und der schwarze für hohe Kirchenfeste und Trauer galt. Späterhin war praktisch jede Tätigkeit in Haus, Stall, Dorf und Feld durch einen eigenen Schurz abgesteckt; die Bäuerin konnte ständig die Schürze wechseln, je nachdem, was sie gerade tat.

Schuhe — Der Schuhvorrat war im einstigen Bauernhaus sehr gering. Mehr als ein neues Paar bringt kaum eine Braut in die Ehe mit, mehr als insgesamt zwei Paar sind kaum einmal verzeichnet; vermutlich gingen die Bauern sommers viel barfuß. Zu Anfang des 19. Jahrhunderts trugen die Bauersfrauen sonntags Stöckelschuhe, später dann wurden ebene Schnürschuhe modern, sogar solche mit Zeugeinsatz und aus Samt.

Schuhschnallen — Ab etwa 1730 bei Männern und Frauen üblich, aus Stahl, Messing oder Silber. Letzteres Material taucht nur bei Standespersonen auf.

Seide — Das Wort ist eine Ableitung aus dem

(Halbseide)	lateinischen seta serica = chinesisches Haar; so wurde der Stoff im Mittelalter genannt, als man ihn in Europa noch nicht herstellen konnte. Verschiedene Versuche mit der Seidenzucht in Württemberg blieben erfolglos, denn das Klima war für Maulbeerbäume ungeeignet, die als Futter für die Seidenraupen unentbehrlich waren. Später gab es Fabriken in Stuttgart, Gmünd, Bopfingen, Ulm, Rottweil, Sindelfingen (1841). Den Bauern war auch dieser Stoff verboten.
Separatistenhaube	Sonderform der Frauenhaube bei Separatisten.
Serge	Wollstoff mit Seide oder Leinen gemischt, zu Decken und Vorhängen, aber auch zu Miedern und Brusttüchern verarbeitet. Es gab Hausierer, die nur mit Serge reisten. »Ich sende Dir ein grünes Tuch das man heißt ein Sergi, Willst Du noch ein dünners Als man zu Basel macht?« (Fischer)
Smoken, gesmokt	Technik der Stickerei auf Stoffalten, besonders beim weiblichen »Büble« am, meist geraden, Einsatz der Ärmel in das Oberteil. Das Wort kommt nicht in Inventuren vor und wird auch mundartlich kaum verwendet.
Spencer	Eine der vielen Bezeichnungen für eine Oberjacke der Frauentracht; auf der Alb ist sie nicht gebräuchlich, wohl aber in Oberschwaben, um Neu-Ulm und Krumbach im 19. Jahrhundert.

Spitzen	Ursprünglich vom 15. Jahrhundert ab nur den »Vornehmen« zu tragen erlaubt, übernimmt im 18. und 19. Jahrhundert auch die Bauerntracht diese Ausschmückung, als Reutlinger und Eninger Frauen ihre selbstgeklöppelten Spitzen in den Dörfern vertrieben. Daß dies eine Zeitlang fast zur Manie wurde, zeigt die hübsche Redensart: »Wer koi Brot hot, braucht am Hemmed koine Spitza.«
Stehbrunzhosen	auch »Schenkel am Bendel« genannt. Offene Unterhosen der Frauen auf der Alb von etwa 1915–20, aus zwei Hosenbeinen bestehend, die am oberen Rand mit einem geraden Stoffband zusammengehalten werden.
Steiner	auch Büble, Peterle, Schalk etc. Frauenoberjacke. Die Bezeichnung taucht besonders in den katholischen Dörfern um Zwiefalten auf.
Steppen	= ins Auge fallende Stiche machen. Der Ausdruck mutet modern an, ist aber schon im 17. Jahrhundert gebräuchlich, als es noch keine Nähmaschinen gab.
Stilpkappe	Dunkle Mütze für Männer, besonders von Weingärtnern getragen.
Stößer(le)	Pulswärmer, G'äderwärmer, bei älteren Personen oft erwähnter Schutz vor Kälte am Handgelenk. Ein gestricktes Rundstück aus Wolle oder Schafwolle, werktags unverziert, sonntags mit Silberperlen, festtags aus weißer Baumwolle mit schwarzen Perlen. So hat man ohne Handschuhe warme Hände.

Straifstrümpfe	Diese Strümpfe, meist aus Zwilch oder Tuch in Grau, Schwarz, Rot oder Blau, wurden von den Männern getragen, die zu einer Streife auf Vaganten, Gauner oder Deserteure aufgeboten waren, vermutlich zu ihrer Erkennung. Oft in Männerinventuren des 18. und 19. Jahrhunderts erwähnt.
Strich	Ein »sammetiner Strich« wie mehrfach bei guten Hauben ehrbarer Frauen erwähnt. Es handelt sich dabei um eine Litze oder einen »Paspoll«.
Strümpfe	Diese waren bis ins 19. Jahrhundert herein nicht oder nur selten gestrickt, sondern zugeschnitten und genäht aus Leder, Tuch, Leinen in Weiß, Grau, Rot, Blau, Schwarz und Braun. Sie seien meist etwas faltig und wenig adrett gewesen, berichten Zeitgenossen. Das Stricken wurde dann besonders zu Anfang des 19. Jahrhunderts in den Industrieschulen gelernt.
Strumpfbänder	auch »Knieringle« (s. d.). Man webte sie aus etwa 10–15 Baumwollfäden auf dem »Wirkstühle« (Bandwebstuhl); sie wurden unterhalb des Knies angelegt – für sonntags lagen auch stramingestickte bereit – und mit angenähten Bändern befestigt.
Strumpfstricken	Das Stricken von Strümpfen wurde etwa um 1550 erfunden, 1558 in Cambridge sogar eine Strumpfstrickmaschine von einem englischen Pfarrer; nach Deutschland kamen die Erzeugnisse dieser

Kunst erst später und zunächst als große Besonderheit.

Stuckbletz Ein Stück Leinwand, das der Hausweber von der fertigen, handgewebten Stoffbahn abschnitt, wenn sie länger geraten war, als die Vorschrift dies wollte. Diese Abschnitte, »Bletzen«, waren oft von geringerer Qualität als das Mittelstück, weil »der Arbeitsfleiß des Webers gegen Ende matter wird« (Fischer); sie wurden meist in der Familie zu Schürzen und einfachen Hemden verbraucht.

Stutzer auch »Stallstutzer«. Kittel, an welchem die Ärmel nur bis zu den Ellbogen gehen; zur sommerlichen Arbeitstracht der Frauen um Laichingen gehörig.

Taflet Dickes, sehr widerstandsfähiges Wolltuch in Blau-, Violett- und Brauntönen und großen Karos bei »Weiberröcken«, hauptsächlich auf der Ulmer Alb seit 1860, vereinzelt bis heute getragen.

Taft, Taffet Schwarzer, steifer Seidenstoff, oft auch »gewässert«, d. h. in Moiréart, zu Hauben, Zopf- und Schürzenbändern der Frauen, seit dem 17. bis Mitte 20. Jahrhundert verarbeitet.

Tibet Stoffart aus Merino (s. d.). Eine Art Kammgarn in Köperbindung mit mattem Glanz; Stoff für warme Bekleidung im 19. und 20. Jahrhundert, schon am Übergang zur städtischen Kleidung. Die Tibetwolle stammt von der Tibetziege, deren langes gewelltes Haar den Glanz liefert, der damals so gefiel.

Tofflen	Pantoffeln, lange Zeit nur bei Wirtsleuten gebräuchlich.
Türkisch Garn	Aus der Levante importierte bunte Garnsorte, oft in dörflichen Krämerlädchen offeriert.
Türkisch Rot	Aus dem Arabischen übernommene Art der Rotfärberei, etwa seit dem 15. Jahrhundert gebräuchlich.
Überschlag	Überfall- und Mantelkragen, Bäffchen zum Talar der ev. Pfarrer, deren Länge teilweise vom Konsistorium vorgeschrieben war. Getragen wurde er ausschließlich von Männern der Ehrbarkeit wie Theologen, Kirchenpflegern, Schultheißen, Gemeinderäten und Konventsrichtern.
Uhrgehänge	Von wohlhabenden Bauern im 19. Jahrhundert gern getragene Anhängsel an die Taschenuhr (Radelstetten 1847: »besteht aus 3 nebeneinander gefaßten Panzerketten [s. d.], welche sich in einem Mittelstück vereinigen, auf das 1 Roß graviert ist und von wo aus an 4 kürzeren Kettchen ein Petschaftstock [s. d.] mit M. F., 1 Uhrschlüssel mit 1 ausgeprägten Rosse, 1 Roßkamm und 1 Striegel hängen«).
Umbschurz	Zur Juppentracht (s. d.) gehörige Rundschürze.
Unterhosen	Unterhosen für Männer tauchen in unserem Raum erstmals 1891 auf, wo G. M. Rebstock, Stricker in Meidelstetten, solche »zu billigsten Preisen« empfiehlt. Offenbar wenig gekauft, sind sie in In-

venturen der bäuerlichen Bevölkerung dieser Zeit nicht erwähnt.

Vorderschurz Zur Juppentracht gehörige Schürze, Ergänzung zum »Umbschurz« (s. d.).

Vorstecker auch Fürstecker. Unter der Verschnürung des weiblichen Mieders der Barockzeit getragenes, steifes, trapezförmiges, stoffüberzogenes Stück Pappe oder leichtes Holz, um das Hemd zu überdecken.

Waffen Bei den Inventuren verstorbener Männer sind die Waffen mitverzeichnet, die dieselben besaßen, je nach der Zeit z. B. Türkensäbel, Karabiner, Schloß, Degen, Kuppel, Säbel, Stilet, Musquet, Pistol (»1 alte kurze Musquet«, »1 Pistohl«, »1 Pallast«; Feldstetten 1740).

Waid Blauer Farbstoff, bis zur Entdeckung des Seewegs nach Indien, wodurch Indigo nach Europa kam, der einzige bekannte, schon durch Karl den Großen empfohlen.

Wams, Wammes Ursprünglich ein derbes Untergewand, das im 11. und 12. Jahrhundert unter der Rüstung getragen wurde; später werktäglicher Arbeitskittel für Männer. Oft trug man zwei davon übereinander. Leinen oder Barchent waren die auf diese Weise meistgetragenen Stoffarten.

Weberkäpple auch Zipfel-, Zottel- und Pudelkappe. Hauptsächlich von Webern der Alb getragen; aus Baumwolle, Wolle, Plüsch oder Chenille gestrickt mit einer »Zottel« am oberen Ende, die seitlich herabfiel.

	Später aus verstärkten, schwarzen Stoffteilen schildlos als feste, runde Kappe genäht.
Weißem	»In Weißem« ist ein auf der Alb noch viel gebrauchter Ausdruck für die Barärmeltracht (s. d.).
Weste	s. Brusttuch.
Wifling	Dicke, strapazierfähige Stoffart aus leinener Kette und wollenem Einschlag zu Weiberröcken und Männerhosen, auch Kitteln; ältestes erwähntes, selbstgemachtes Bauerntuch, schon vor dem 30jährigen Krieg in Gebrauch gewesen. Die gefalteten Hippen und Juppen waren auch aus diesem Material, schwarz, blau oder grün eingefärbt. Bekannt ist in Württemberg teilweise noch das Wort »wiflen« für stopfen in Leinenbindung. Fischer erwähnt die Redensart: »Du bisch so zäh wie a alter Wifling.«
Wolfszahn	Ein Zahn, der mit dem »Kindsgehäng« (s. d.) dem Kleinkind aus abergläubischen Absichten umgehängt wurde, besonders gegen schweres Zahnen.
Wollhemd, rotes	Bäuerliche Standestracht für Männer im ganzen Südwesten Deutschlands vom 16.–18. Jahrhundert. Im Beobachtungsgebiet um 1760 ausgestorben.
Zehenbundin	Acht-, Neun- und Zehenbundin oder -gebund bedeutet eine Webart mit 8-, 9-, und 10fach zusammengefaßten Fäden; erwähnt schon im 16. Jahrhundert. Die Zählung geht für sehr feine Stoffe noch weiter, die beste ist die 16er Leinwand.

Zeug (maskulin)	Leichte Gewirke von Leinwand, Seide, Baumwolle oder Wolle – von letzteren nur solche, die nicht gewalkt werden oder nur die halbe Walke bekommen. Das Wort kommt sehr oft vor und ist nicht immer genau abzugrenzen.
Zeugle	Zeugle ist nicht nur die Verkleinerungsform von Zeug, sondern ein ganz anderer Stoff, nämlich eine Art Wäschestoff aus Baumwolle, leicht waschbar und meist kleingemustert oder gestreift, oft zu Schürzen und Bettgardinen der Himmelsbettladen verwendet.
Zitz	Feiner, wenig strapazierfähiger, bunt bedruckter Kattun (s. d.) in leichter Ausführung, oft auch mit dem Pinsel bemalt; das Tragen galt anfangs als leichtfertig. Aufgekommen ist das Gewebe gegen Ende des 18. Jahrhunderts, zunächst bei den »Oberen« im Dorf.
Zughaube	Die Zughauben sind nach dem Band benannt, das am unteren Haubenrand durch den Saum führt und die Haube zusammenzieht; erwähnt 1720–80.
Zwilch	Flächsenes Gewebe aus doppeltem Faden, mit allerhand Mustern gewebt.

Anhang

Seite 151–155:
Auszug aus der im Jahr 1712 erlassenen Polizei-Ordnung unter dem württembergischen Herzog Eberhard Ludwig. Diese enthielt neben einer neun Klassen unterscheidenden Kleiderordnung auch genaue Vorschriften über das Abhalten von Hochzeiten, Taufen und Leichenbegräbnissen.
Vorlage und Aufnahme: Hauptstaatsarchiv Stuttgart, A 21 Nr. 224

I.

Die Kleider-Ordnung

Anbelangt/

So hat ein jeder nach der jenigen Claß/ darein er oder die Seinige gehörig/ sich oder dieselbe zu kleiden.

Fünffte Claß.

Darein gehören folgende Personen/ und zwar von der Cantzley und Land.

Die geheime Cancellisten. Buchhalter. Keller und Verwalter. Closters-Hofmeister. Zeug-Schreiber und Bau-Verwalter/ (wann sie keinen andern Character haben.) Forst-Verwalter. Burgermeister allhier und zu Tübingen. Engern Außschusses-Verwandte. Landschafft-Buchhalter. Commercien-Räthe. Bau-Meister. Dorff-Pfarrer/ Diaconi auf dem Land/ und Feld-Prediger. Müntz-Wardein.

Vom Fürstlichen Hof-Staat und dessen einverleibten Corporibus.

Pages-Præceptor. Adel. Kinder Informatores. Cammer-Diener. Hauß Kuchenmeister. Hof-Bereuter. Hof-Apothecker. Conditer-Meister-Jäger. Wildpret-Schreiber. Piqueurs, Büchsen-Spanner. Ober-Falconier. Cammer-Musici & Virtuosi. Hof-Trompeter. Hof-Paucker. Hof-Staabs-Quartier-Meister. Cammer-Courier, Cammer-Husar: Und deren Frauen/ wie auch die Unter-Mägdlein bey Hoff/ Cammer-Mägdlein/ Haußhalterin und Frantzösinen bey Cavalliers.

Welchen zu tragen erlaubt:

Tücher/ die Ehl	- -	à 2. fl. 30. biß 3. fl.
Seidene Zeug/ den Stab biß auf	- -	3. fl.
Spitzen/ die Ehl	- -	à 45. kr.
Brüstlein/ biß auf	- -	2. fl.
Halstücher/	- -	à 2. fl.

Schuh

Schuh und Pantoffeln /		à 1. fl. 30. kr.
Käpplen /		à 4. biß 5. fl.
Schürtzlein biß auf		3. biß 4. fl.
Cammertuch und Mousselin / die Ehl biß auf		1. fl. 30. kr.
Geschmuck auf einmahl an sich zu tragen		pro 150. fl.

Hingegen verbotten:

Neben denen abgenähten- und Raiff-Röcken / auch die seidene Strümpff / und sammete Zughauben;

Und solle die Frantzösische Tracht allein biß auf die fünffte Claß inclusivè erlaubt / in denen folgenden 4. Classen aber verbotten seyn / es wären dann gebohrne Frantzosen und Waldenser darunter / die sich in Unserm Hertzogthum und Landen aufhalten / als welchen nicht verwöhrt seyn solle / ihre angebohrne Tracht zubehalten;

So haben auch in denen 5. erstern Classen die Kinder eine Claß geringer / als die Eltern sich zu kleiden / doch ist denen Eltern nicht verwöhrt / ihre alte Kleider / jedoch in der Ersten Claß den Sammet außgenommen / ihren Kindern anmächen zulassen.

Sechste Claß.

Darein gehören nachfolgende Personen / und zwar Von Der Fürstl. Cantzley / wie auch der Stadt und dem Land.

Alle andere Cancellisten / Stadt-Schreiber / Heiligen-Vögt / Amts-Pfleger. Unter-Amtleut. Grössern Außschuß-Verwandte. Land-Rechnungs-Commissarii. Substituti und verpflichte Scribenten. Gerichts- und Raths-Verwandte in Städten. Gewölbs-Verwalter. Cammer-Factor. Werckmeister. Reisige Forst-Knecht. Bau-Adjunctus. Bau-Schreiber allhier und zu Ludwigsburg. Haupt-Zoller. Handels-Leute. Apothecker und Künstler. Cantzley-Knecht.

Vom Fürstlichen Hof-Staat und dessen einverleibten Corporibus.

Mund-Kuchen-Meister. Controleur. Speiser. Kuchen-Schreiber. Musici ordinarii. Cammer-Laquay. Hof-Barbierer. Cammer-Portier. Hof-Peruquier. Zeug-Knecht bey der Jägerey. Besuch-Knecht. Falconiers. Flug-Schützen. Läuffer. Land-Canditer. Tapezier. Hauß-Keller. Hauß-Schneider allhier und zu Ludwigsburg.

C

burg, Silber-Kämmerling. Hof-Kieffer. Cammer-Schreiberey-Kieffer. Mund-Köch. Mund-Schenck. Keller-Knecht. Land-Fourier. Saalmeister. Futter-Schreiber. Pfistermeister. Hoff-Beck. Hauß-Wagenbieter. Marstaller. Land-Saalmeister. Sattelknecht. Maulthier-Packmeister. Leib-Gutscher. Roß-Artzt. Ober-Hoff-Gärtner. Land-Wagenbieter. Alle Hof-Handwercks-Leuth/ die Meister. Caffe-Sieder. Herrschafftliche Laquaien / Heyducken und Porteurs des Chaises. Adeliche Cammerdiener/ Adel. Köch und Adel. Jäger. Samt deren Frauen/ wie auch die Wasch-Mägdlen bey Hof/ und Köchinnen bey Cavalliers.

Welchen zu tragen erlaubt:

Tücher die Ehl von . .	2. biß 2. fl. 30. kr.
Cameelhaar/ und halb seidene Zeuge.	
Schürtzlein / . .	à 3. fl.
Halßtücher / = =	pro 1. fl.
Zughauben/ von Damast/ und Brocard/ doch ohne Gold und Silber.	
Schuh und Pantoffel = =	pro 1. fl. 30. kr.
Geschmuck auf einmahl zu tragen =	pro 100. fl.

Hingegen verbotten:

Die abgenähte Röcke/ Raiff-Röck und seidene Strümpff. Ingleichem alles Cammertuch / Mousselin und Holländischer Leinwand / als welches allein denen in den fünff erstern Classen zu tragen erlaubt / die übrigen 4. Classen aber deß Uracher oder dergleichen im Land fabricirten Leinwands/ sich zubedienen hiemit angewiesen seyn sollen.

So ist auch der Cotton und Indienne allein biß auf die sechste Claß inclusivè zu tragen erlaubt; in denen 3. letztern Classen aber verbotten.

Das Favoritlen-Tragen und Haar-auffsetzen/ ingleichem der Haar-Poudre ist allein biß auf die Sechste Claß inclusivè erlaubt; Die in denen 3. letztern Classen müssen/ wañ sie Favoritlen tragen und das Haar auffsetzen wollen / jährlich 1. fl. 30. kr. Und die deß Haar-Pouders sich bedienen wollen/ ebenmässig alle Jahr 1. fl. 30. kr. Dispensations-Tax bezahlen;

Das Degen-Tragen ist biß auf die sechste Claß inclusivè erlaubt/ außgenommen die Herrschafftl. Laquaien/ als welchen / ob sie schon in die sechste Claß locirt worden / solches dannoch verbotten / auch denenselben / wie auch denen Gutschern / Vorreutern/ Reutknechten / und gemeinen Handwercks-Burschen / ausser auf Reisen/ keines Wegs dispensirt werden solle.

Wer aber in der siebenden Claß Degen tragen will/ hat jährlich deßwegen Dispensations-Tax zubezahlen = = 1. fl. 30. kr.

Hingegen wird das Hirschfänger- und Plauten-Tragen allen denen denenjenigen / so nicht von der Jägerey dependiren / hiemit schlechterdings verbotten.

Die silberne Degen und mit Silber beschlagene Stöck seynd biß auf die sechste Claß inclusivè erlaubt ; Die in der sibenden Claß aber müssen / wann sie dergleichen Degen oder Stöck tragen wollen / den bey dem Degen-Tragen gemachten Dispensations-Tax jährlich bezahlen;

Jedoch wird der Jägerey erlaubt / ihre silberne Hirschfänger / samt ihren mit Silber beschlagenen Hornfesseln noch ferner zu tragen; auch jedermann das Degen-Tragen auf Reisen nicht verwehrt;

So mögen auch die jenige / so bereits Massiv-Silberne Knöpff haben/dieselbe gleichwohlen forttragen/niemand aber bey sonst ohnfehlbar zugewarten habender Bestraffung sich neue machen lassen.

Siebende Claß.

Darein gehören

Kauffmanns-Diener / wie auch der Apothecker und anderer Künstler ihre Gesellen; Adeliche Laquayen und Gutscher. Gemeine Burger / Handwercks-Leut in Stätten / und deren Gesellen / wie auch die Wirth in Stätten; Ingleichem die Fuß-gehende Forstknecht / und ihre Weiber / wie auch die Hauß-Mägde / sie mögen bey denen von Adel oder anderswo dienen;

Denen erlaubt seyn;

Tücher die Ehl biß auf - - 1. fl. 30. kr.

Schwartze Spitzen unter denen Zughauben / die Ehl biß auf - - - 12. biß 15. kr.

Schuh biß auf 1. fl. oder 20. Batzen / doch ohne Höltzer.

Hingegen verbotten.

Alle gantz und halb seidene Zeug.

Alles Gold und Silber/wie auch alle fremde Zeug/Cotton und Indienne; Und haben dieselbe sich allein der in dem Land fabricirten Zeugen und Strümpffen zubedienen / und die Weibs-Personen in dieser und folgenden Classen ausser Granaten/ Corallen/ güldenen Ringen von schlechtem Wehrt / und anderen geringen Sachen./ sonst alles Geschmucks sich zuenthalten.

Achte Claß.

Worein gehören :

Die Reut-Knecht/ Schultheissen/ Burgermeister / Gerichts- und Raths-Persohnen / auch Wirth auf denen Dörffern;

C 2 Wel-

Welchen zu tragen erlaubt seyn:

Tücher höchstens die Ehl . . . à 16. Batzen.
Zeug/ wie auch Hüth und Strümpff/ so im Land fabricirt werden/
Weiß und schwartze Schürtz.

Hingegen in dieser und folgenden Claß verbotten/ die Sammet-Lederne Schuh.

Neundte Claß.

Begreifft in sich die gemeine Bauers-Leuthe.

Welche keine Tücher/ wo die Ehl über 12. Batzen kommt/ tragen sollen.

Allerhand schlechte und geringe Zeug.

Schürtz von weiß und schwartzer Leinwand/ jedoch von geringem Wehrt.

Was die Studiosos auf Unserer Universität zu Tübingen anbelangt/ so seynd Wir zwar nicht gemeint/ dieselbe unter dieser Unserer Policey-Ordnung zubegreiffen/ versehen Uns aber jedoch Gnädigst zu denenselben/ sie werden von selbsten bedacht seyn/ alle Ubermaaß in Kleidungen und anderm abzustellen;

Die Stipendiarii in dem Stipendio Theologico zu Tübingen und Alumni in den Clöstern aber haben sich durchauß nach denen Visitations-Recessen absque omni dispensatione, in ihrer Kleidung zurichten/ und die Superintendenten darob strictè zu halten; Und sollen die Transgressores derselben mit dem Carcere, oder auf einkommende Berichte befindenden Dingen nach/ gar mit der Rejection gestrafft werden.; In specie aber solle denenselben/ sie mögen in dem Stipendio oder in denen Clöstern/ allhier oder anderstwo seyn/ das Degen-Tragen schlechterdings verbotten seyn.

Und weilen auch wegen der Livrè-Kleider/ bißhero grosse Ubermaas und Verschwendung vorgegangen/ als sollen künfftighin zu Livréen

Denen in Prima Classe, Tücher die Ehl höchstens biß auf 2. fl. und seidene Borten.

In Secunda & reliquis Classibus, Tücher die Ehl höchstens biß auf 1. fl. 30. kr. und Cameelhärene Borten erlaubt/ alles Gold- und Silber auf Livré-Kleidern aber verbotten seyn; Doch mögen diejenige/ so bereits Livréen mit Gold oder Silber haben/ solche vollends usiren und abtragen lassen.

Die mit Gold- oder Silber eingefaßte Hüt seynd bey denen Livréen allein in der Ersten und andern Claß/ wie auch denen Officiers in der dritten Claß/ erlaubt/ denen andern aber verbotten.

II. Die

Die Gemeinden des Beobachtungsgebietes

(In Klammern die Jahreszahlen der ausgewerteten Inventur- und Teilungsakten)

Aichelau/Pfronstetten (1813)
Apfelstetten/Münsingen (1835)
Asch/Ulm (1704)
Auingen/Münsingen (1678)
Baach/Zwiefalten (1806–33)
Berghülen/Blaubeuren (1698)
Bermaringen (1740–1832)
Bernloch/Hohenstein (1605–1848)
Biberach/Land (1863)
Bichishausen/Münsingen (1840)
Bitz/Ebingen (1730)
Blaubeuren (1713)
Böttingen/Münsingen (1685–1828)
Bremelau/Münsingen (1811–15)
Buttenhausen/Münsingen (1836)
Dächingen/Ehingen (1757)
Dapfen/Gomadingen (1786–1867)
Donnstetten/Römerstein (1740)
Dottingen/Münsingen (1721)
Echterdingen (1801)
Emeringen (1820)
Ennabeuren/Heroldstatt (1730)
Ennahofen (1749)
Erpfingen (1707)
Feldstetten/Laichingen (1651–1850)
Gauingen/Zwiefalten (1805)
Gomadingen (1801)
Grabenstetten (1845)
Gruorn/heute aufgelöst (1721)
Gundelfingen/Münsingen (1813)
Gussenstadt/Gerstetten (1850)
Hausen an der Lauchert (1753)
Hausen ob Schelklingen (1755)
Hayingen (1879)
Hengen/Urach (1804)

Hochberg/Zwiefalten (1822)
Hohenstadt/Laichingen (1877)
Honau/Lichtenstein (1833)
Hundersingen/Münsingen (1788–1806)
Hundersingen/Riedlingen (1817)
Indelhausen/Hayingen (1827)
Kleinengstingen (1810)
Kohlstetten/Lichtenstein (1810)
Laichingen (1699–1729)
Lonsingen/St. Johann (1835)
Machtolsheim/Laichingen (1719)
Magolsheim/Münsingen (1755–1790)
Marbach/Gomadingen (1706)
Mehrstetten/Münsingen (1809)
Meidelstetten/Hohenstein (1752)
Merklingen/Ulm (1760)
Mörsingen/Zwiefalten (1816)
Nellingen/Ulm (1707)
Obermarchtal (1829)
Oberstenfeld (1744)
Ödenwaldstetten/Hohenstein (1716–1778)
Offenhausen/Gomadingen (1760)
Pappelau (1780)
Pflummern/Saulgau (1785)
Pfronstetten (1805)
Plochingen (1808)
Rietheim/Münsingen (1687–1899)
Ringingen (1828)
Rottenacker/Ehingen (1836)
Schlattstall/Oberlenningen (1748)
Schopfloch/Oberlenningen (1728)
Seißen/Blaubeuren (1747)
Sirchingen/St. Johann (1737)
Sonderbuch/Zwiefalten (1806–14)
Sondernach/Ehingen (1845)
Sontheim/Heroldstatt (1699–1760)
Suppingen/Laichingen (1726, 1730)
Trailfingen/Münsingen (1710–80)
Ulm (1769)
Upfingen/St. Johann (1743–1820)

Upflamör/Zwiefalten (1805)
Wasserstetten/Gomadingen (1833)
Wiesensteig (1737)
Wilsingen/Trochtelfingen (1829)
Winterlingen/Balingen (1751)
Zainingen/Römerstein (1581–1825)
Zwiefalten (1804–23)

Kleiderlisten aus vier Jahrhunderten

Die folgende Auswahl von Beibringens- und Teilungsinventuren, aus denen wir nur den Kleiderbestand und – soweit vorhanden – auch »Kleinodien und Silbergeschmeid« wiedergeben, soll die persönliche Habe früherer Generationen anschaulich machen.
Selbst an diesen wenigen Beispielen läßt sich verfolgen, welche Kleidungsstücke und Materialien für eine jeweilige Epoche charakteristisch waren, und der Umfang einer Liste gibt Hinweise auf Vermögenslage und Profession einer Person.
Die Bezeichnungen der Kleidungsstücke sind wörtlich zitiert. Spezielle Ausdrücke sind im Glossar erläutert.

Hinterlassenschaft einer Bäuerin und Schultheißengattin; Zainingen 1581
(Gemeindearchiv Römerstein, Ortsteil Zainingen)

1 langen wullin Mantel
1 wullin Rock
1 barchetin Büblin
1 braun wullin Rock mit einer roten B'legin
1 schwarzer Distelsait-Rock
1 Wiflingrock
1 engelsaitin Kirchmantel
2 leinene Röck
1 barchetin Büblin mit Leinen gefüttert

1 weißer Umbschurz
1 schwarz leinen Vorderschürzlin
1 Schlayer
1 Goller

Hinterlassenschaft eines Bauern; Bernloch 1605
(Gemeindearchiv Hohenstein, Ortsteil Bernloch B be 1)

1 wullin Mansrock
1 wullin rot wullin hembd
1 lederin Wammest
1 bar hosen mit lederin geses und wullen stümpf

Hinterlassenschaft eines Bauernehepaars; Bernloch 1608
(Gemeindearchiv Hohenstein, Ortsteil Bernloch B be 1)

Des verstorbenen Manns selig Klaider
1 brielchischer (?) Rock
1 schwarzer Rock
1 roth wullin Hembd
3 weiß wullin Par Hoßen
2 barchetin wames
1 wiflings wullin hembd
4 Mannshembd

dessen Frau Klaider
2 Hembder
1 kleins Vordschurzlin
1 Kirchenmantel
1 braun wullin Rock
2 grauwifling Rock
1 schwarz wifling Rock
2 engelsaitin Röck
3 Juppen
1 barchetins Leiblin
4 Vordschurzlin
1 Umbschurz
1 diselsaitin Ermel
1 wullin Par Ermel
1 Bellz
3 Schlaiher

Hinterlassenschaft einer Bauersfrau; Feldstetten 1665
(Stadtarchiv Laichingen, Ortsteil Feldstetten B fe 1)

Der verstorbenen Kleider
1 schwarzes Kleid von Cadiß
1 leinin Rock
1 belzin Büeblin
1 schwarz cadisin neues Büeblin
1 blauer leininer Schurz
1 schwartz cadisen neuer Schurz
1 weißer Schurz
1 Mürd (wohl Mieder) von Zeug
2 Hembd
2 Gollern
2 Gollern Büeblin
1 gute Kapp
3 Hauben
1 weben Mantel
1 gudten Belz
2 Schlayer

Hinterlassenschaft einer Bäuerin; Rietheim 1712
(Stadtarchiv Münsingen, Ortsteil Rietheim B rie 1)

Weibs Kleider
1 schwartz zeugin Rock mittl.
1 m. blau wifling dito
1 a. braun wifling dito
1 roth scharlachs Mieder alt
1 schwartz zeugin Büble neu
1 m. dito
1 gut schwartz leinin Schurtz
1 mittl. schwartz leinin Schurz
2 neue Hemder
2 mittl. Hemder
4 mittl. Goller
1 Schlayer m.
1 Ohr Haube
1 gesteppte dito
1 m. Riemengürtel
1 Halßflor

1 Kragen
1 m. paar Schuh
1 m. paar abw. Strümpf

Hinterlassenschaft eines Wirts; Feldstetten 1731
(Stadtarchiv Laichingen, Ortsteil Feldstetten B fe 9)

Kleinodien und Silbergeschmeid
1 gulden Ringle mit rothem Stein
1 Nuster mit hellem Augstein
2 Löffel mit silbernem Stihl
5 1/2 Loth silberne Löffel
7 1/4 Loth silberne Knöpf
1 mit Silber beschlagener Metzgerstahl
1 paar silberne Hemdknöpf
2 einzechte Hemdknöpf
1 Hemd-Schnallen
1 silberner Pettschaft-Ring
1 paar silberne Knieränklen

Manns-Kleider
1 neu braun lederne böcken paar Hosen
1 mitt. paar dergl.
1 neuer Hut
1 alter dito
1 Hirnkäpple
1 neu ledern paar Handschu
1 mitt. paar dito
1 neu grau gewoben paar Strümpf
1 mitt. braunes paar dito
1 alt schwarz gewoben paar
1 mitt. braun wollen paar
1 gut flächsen gestrickt paar Strümpf
1 neues Creppenes Flor
1 mitt. dito
1 neu flächsen Halstuch
2 neue Mezger Schürz
2 alte dito
2 gute flächsene Hemder
4 mittelm. reustene

1 gut roth scharlachen Brusttuch
1 neu braun tuchen Brusttuch
1 altes dito
1 neu grau tuchenen Rock und dergl. Camisohl
1 neu braun tuchenen Rock und dergl.
1 alt braun tuchen Camisohl
2 baumwollene Schnupptücher
1 neu paar Stiffel
1 neu paar Schu
1 mittelm. paar
1 altes paar
1 m. grün seidenen Hosenträger
1 neuen ledernen Hosenträger
1 paar schwarz seidene Knieband samt den rinckh

Hinterlassenschaft eines Bauern; Magolsheim 1755, evang.
(Stadtarchiv Münsingen, Ortsteil Magolsheim B ma 1)

Des verstorbenen Manns selig Klaider
1 braun tüchener Rock
1 altes rothwullenes Hemd
1 schwarz grauer Rock
1 gefütterter Zwilchküttel
1 guter einfacher dito
1 neu roth tüchenes Brusttuch
1 altes dito
1 weiß abgenehtes Brusttuch
1 geringes dito
1 neues Wammes
1 einfaches dergleichen
1 paar lederne Hosen samt dem Träger
1 alt sameter Hosenträger
1 alter Huth
1 alts Flörlen
1 paar weißleinene Strümpf
2 paar weißleinene Strümpf
2 paar alte dito
1 alt paar schwarz wullene Strümpf
1 neu paar weiß tüchene Strümpf
1 alt paar dito
1 paar zwilchene Handschuh

8 neu reustene Hembder
2 mittelm. Hembder
1 klein reustenes gutes Hembd
1 guth paar Schuhe
2 neue weiße Schnupftücher
4 alte dito

Heiratsbeibringen einer Bäuerin; Magolsheim 1757, kath.
(Stadtarchiv Münsingen, Ortsteil Magolsheim B ma 1)

Weibskleider
3 neue schwarz-braune und grünzeugene Röck
3 schwarze Wiflingröck
2 blaue dito
2 grüne dergl.
1 alter Rock
1 neu blauer Unterrock
3 schwarz und blau zeugene Schürz
3 schwarz leinene Schürz
4 blaue Schürz
1 alter dito
2 neu schwarz tüchene Bieblen
1 neu braun zeugenes Bieblen
1 schwarzes zeugenes dito
2 schwarze leinene Bieblen
1 braun rothes Mieder
1 hellrothes dito
1 mittelm. rothes Mieder
1 grünes dito
2 alte Mieder
5 Fürstecker
24 weiße Goller
1 neu seidener Flohr
1 Augstein Nuster
2 neu seidene Hauben
4 cottonene Hauben
1 alte dito
8 weise abgenehte und einfache Hauben
2 Schlayher
1 roth paar wullene Strümpf
2 paar weißwullene dito

1 paar baumwollene Strümpf
3 paar leinene dito
18 hemmeter
1 neu paar Schuhe
1 mittelm. paar dito
1 paar Belzstößerlen
1 silberner Fingerring

Hinterlassenschaft eines Bauernehepaars; Feldstetten 1764
(Stadtarchiv Laichingen, Ortsteil Feldstetten B fe 14)

Mannskleider
1 gut grau tüchener Rock
1 dgl. Camisol
1 altes Camisol
1 alt dito
3 einfache Zwilchkittel
2 einfache Wammes
1 guter Huth
1 alter
1 Belz Kapp
2 lederne Kappen
2 Halstücher
2 mittlere Flör
1 Überschlag
1 gut roth scharlachenes Brusttuch
1 altes roth tüchen Brusttuch
1 altes grau dergl.
1 mittl. Hirschen paar Hosen samt dem Trager
2 alt lederne paar
7 gut fläxene Hembder
2 neu reustine Hembder
2 gut schwarz wullene paar Strümpf
3 leinen gestrickte Strümpf
1 ledern paar Handschuh
1 alt paar Schuh
1 paar Schlauden

Weibskleider
1 gut schwarz zeugener Rock
1 mittlerer schwarz zeugweißer Rock

1 guter blau zeugener Rock
1 blau boyener Rock
1 grün zeugweißer Rock
1 braunen dito
2 gut schwarz zeugen Bieblen
2 leinene Bieblen
1 gut roth tüchen Mieder
1 mittleres dergl.
1 mittl. schwarzes dito
2 schwarz leinene Schürz
1 blauer dito
1 Schlayer
2 gute dicke Hauben
3 alte
3 weiße leinene Goller
2 Flor
6 mittl. Hembder
1 wullen paar Strümpf
3 leinene gestrickte
1 baumwollen pr.
1 Sammetgürtel
1 gut paar Schuh

Hinterlassenschaft einer Bauersfrau; Magolsheim 1773, evang.
(Stadtarchiv Münsingen, Ortsteil Magolsheim B ma 4)

Weibskleider
1 gut schwarz zeugener Rock samt dem Mieder
1 geringerer dito
2 halb zeugene mittelm. dito
1 geringerer dito
1 guter blau zeugener Rock
1 geringerer dito
1 grüner Rock
1 alter dito
1 braun halbzeugener dito
1 braun neu tuches Mieder samt 1 roth Fürstecker
1 Stückle roth Scharlach zu einem Mieder
1 mit Belz gefüttertes schwarz zeugenes Büble
1 gut schwarz tüchenes Büble

2 alte zeugene dito
1 gut leinenes Büble
1 altes dito
1 gestricheltes Baumwolle Halstuch
3 schwarze Leinwandschürz
2 blaue dito
1 weißer dito
1 halbseidene schwarze Haub
1 geringere dito
1 schwarz und weiße cottonene dito
6 weiße abgenehte Hauben
2 alte Schlayer
2 leinene Goller
2 alte dito
1 Sammet Gürttel
1 mößener dito (aus Messing)
1 pr. neue weiße wullene Strümpf
2 pr. baumwollene dito
3 pr. weiß leinene dito
1 wollener blauer UnterRock
5 neue reustene Hemder
4 alte dito
1 pr. mittl. Schu
1 pr. alte dito
1 Tofle
1 pr. belzene Knie Schlupfer

Heiratsbeibringen eines Bauern; Ödenwaldstetten 1786
(Gemeindearchiv Hohenstein, Ortsteil Ödenwaldstetten B oe 3)

Mannskleider
1 blau tuchener Rock
1 mittelm. blautuchen Kamisol
1 pr. wild lederner Hosen
1 rotes Brusttuch
1 braunes
1 rotes ferner
1 schwartz tuchenes Kamisol
1 weis reustener Kittel
1 Huth samt flor
1 Schnuptuch

1 Flor
10 klein- und grobreustene Hemder
1 pr. schwarz wollene Strimpf
2 pr. weis wollene Strimpf
1 pr. blaue
4 pr. alte Strimpf
1 pr. neue Schu
1 sametine Pelzkapp
1 lederne Kappe
1 Zwilchkittel
1 pr. Handschu

Heiratsbeibringen eines Taglöhners; Magolsheim 1786, kath.
(Stadtarchiv Münsingen, Ortsteil Magolsheim B ma 2)

Kleider
1 blau tüchener Rock
1 alt graues Kamisol
1 Muzen
1 rottüchenes Leible
1 blaues Leible
1 pr. ledres Hosen
1 paar blaue wollene Strümpf
3 paar leinene
1 Hut
1 Flor
5 gute Hemden
1 pr. Schuh
1 Pelzkapp
4 Ellen Tuch

Hinterlassenschaft eines Bauern; Magolsheim 1787, kath.
(Stadtarchiv Münsingen, Ortsteil Magolsheim B ma 2)

Derselbe hat biß in das erreichte 71.te Greißenalter einen so großen Sünden-Last auf sich gehäuft, daß er solchen zu tragen nimmer im Stande war und deßwegen das desperate unmenschliche Mittel ergrif, sich zum öffentlichen Scheusaal der Welt, in der Hardt, im sogenannten Kälberstall, Münsinger Markung, zu erhenken.

Kleider
1 grau tüchener Rock
1 pr. schwarz lederne Hosen
1 schwarz zeugener Mutz
1 pr. blaue wollene Strümpf
1 grüne Belzkapp

Hinterlassenschaft eines Webers und Gemeinderats; Rietheim 1896, wohl Gemeinschaftsmitglied
(Stadtarchiv Münsingen, Ortsteil Rietheim B rie 28)

Mannskleider
1 Schwarzer Hut
1 Pelzkapp
1 Überzieher schwarz
1 Kirchenrock
1 Grauer Mandel
1 Wams Blautuch
1 Tüchene Weste
1 Lederhose
1 Graue Tuchhose
6 Weise Hemden
5 Paar Strümpfe
1 Paar Unterhosen
3 Stück Saktücher

Hinterlassenschaft eines Pfarrers; Bernloch 1631
(Gemeindearchiv Hohenstein, Ortsteil Bernloch B be 1)

Des verstorbenen Herrn Pfarrers selig Klaider
1 alter lindischers Manntel
1 barchetin Hose
1 barchetins Wammes
1 liderins Paar Hosen
1 liderin Wammes
1 lindisch paar Strümpf
2 Hembter
4 Krägen
4 Falzalter (wohl Fazenet = Taschentuch)

Hinterlassenschaft eines Pfarrers; Upfingen 1782, ledig
(Gemeindearchiv St. Johann, Ortsteil Upfingen B upf 2)

Kleinodien und Silbergeschmeid
1 goldener Kugelring
1 goldener Ring mit 2 Diamant und 1 Granaten
1 silberne Uhrketten
1 Garnitur silberne Schnallen
1 silberne Tabacks-Dose
1 silberne Hals-Schnall
1 pr. silberner Hals-Schlösser
1 pr. silberne Stöcklens-Hembder-Knöpf
1 pr. silberner Stein-Hembder-Knöpf
1 pr. silberner Sporn
1 silbernen Löffel
1 Stock mit Silber Beschlag

Defuncti Kleider
1 gut schwarz tüchener Rock samt dem Camisohl
1 schwarz Chrisetten Camisohl
1 alt schwarz damasten Camisohl
1 schwarz Camisohl von Manchester
1 schwarz tuchen Camisohl
1 pr. schwarz manchesterne Hosen
1 melirt tüchener Rock
1 zizen Leiblen mit Ermel
1 schwarz gestreift zeugenes Leible
1 alt schwarzer Rock
1 aschenfarber Reitrock
1 pr. schwarz tuchene Gamaschen
1 Schlaffrock samt dem Leiblen
1 Belz-Brusttuch
1 pr. schwarz gestreift zeugener Hosen
1 pr. schwarz zeugener Hosen
1 alt schwarz Camisohl
1 pr. weite Reithosen
1 schwarz Raffeter (?) Halstuch
1 Huth
1 pr. Belzhandschu
1 pr. Wild Lederne Handschu
1 pr. Böckene

1 schwarze Budelkapp
1 Hirschfinger samt Kuppel
1 alt samteners Sommerhütlen
1 Kirchenrock
1 pr. gestoppte Wintter Strümpf
1 pr. alt seidener Strümpf
1 pr. alte dto.
3 pr. weiß baumwollene Strümpf
1 pr. stählerne Sporn
22 Oberhembd
5 Weiß baumwollene Kapp
5 Überschläg
5 Halßbändlen
1 pr. Stifel samt Stifelhölzer
1 pr. alte Stifel
3 pr. neue Schu
1 Puffer
1 pr. alte Schu

Hinterlassenschaft einer Pfarrersfrau; Dapfen 1792
(Gemeindearchiv Gomadingen, Ortsteil Dapfen B da 3)

Frauenkleider
1 langes schwarzes Taffetkleid samt dergl. Rock
1 blauseidenes langes Kleid samt Rock
1 zizene Levite samt Rock
1 weis und rot gestreifte Zeuglens-Levite
1 rot und weis gestreifter Rock und Peter
1 dto. älterer
1 zizener Rock und Peter
1 älterer dito mit bunten Blumen
1 zizen Bettkittel samt Schurz
1 gleiche violett und weisgestreifter Peter, Rock und Schurz
1 rosenfarbener Taffetrock
1 brauner Biber Überrock
1 brauner cottonemer Überrock
1 weißer barchet Rock und Peter
1 weiß museliner Peter und Schurz
1 gedupft cottonemer Rock und Peter
1 schwarz atlasener Mantel mit rosenfarbenen Sandel gefüttert und Frisiert

1 schwarz taffet Mantel mit Spiz
1 schwarzer taffet Schurz mit Spizen
1 bocore (?) Rock
1 geschlagener roter Rock
2 Leinwandkitele und Schurz
1 einzechter Leinwand Schurz
1 barch. Bettkittel
1 Leinwand Schurz
1 Mieder
1 kott. Leible
1 Florhaub
1 Haub mit etwas Spizlen
1 Flor Schurz
1 weis taffent Kappen Halstüchlen
1 schw. Mantel
1 schwarz taffent Halstuch
1 gros weisseiden Halstuch mit 1 breit rotem Umlauf
2 rot seiden Halstuch
1 schwarz und rot gestreift seiden Halstuch
1 geblumtes dto.
1 weis gesticktes dto.
1 weis muslinen dto.
1 weiland mode Halstüchlen von geschlagenem Flor
6 baumwollene diverse Schurz und Halstüchlen
1 roter atlas Schlupfer
1 pr. floretseidene Handschu
1 Stockschirmle
6 pr. neue Strümpf
6 pr. schlechtere dto.
Für diese Band
1 pr. Sabbo (?)
1 pr. neue gelbe
2 pr. Winter Schu
1 pr. weis wollene Strümpf

Literatur

Amman, Jost: Im Frauwenzimmer wirt vermeldt von allerley schönen Kleidungen unnd Trachten der Weiber . . . Franckfurt am Mayn 1586

Bernritter, Friedrich: Wirtembergische Briefe. o.O. 1786

Beschreibung des Oberamts Münsingen. Hrsg., aus Auftrag der Regierung, von Prof. Memminger. Stuttgart und Tübingen 1825

Beschreibung des Oberamts Münsingen. Hrsg. vom Kgl. Statistischen Landesamt. Stuttgart 1912

Beschreibung des Oberamts Reutlingen. Hrsg., aus Auftrag der Regierung, von Prof. Memminger. Stuttgart und Tübingen 1824

Beschreibung des Oberamts Reutlingen. Hrsg. vom Kgl. Statistischen Landesamt. Stuttgart 1909

Beschreibung des Oberamts Ulm. Hrsg., aus Auftrag der Regierung von Ober-Finanzrath Memminger. Stuttgart und Tübingen 1836

Beschreibung des Oberamts Ulm. Hrsg. von dem Kgl. Statistischen Landesamt. 2 Bde. Stuttgart 1897

Beschreibung des Oberamts Urach. Hrsg., aus Auftrag der Regierung, von Prof. Memminger. Stuttgart und Tübingen 1831

Beschreibung des Oberamts Urach. Hrsg. vom Statistischen Landesamt. Stuttgart 1909

Birlinger, Anton (Hrsg.): Schwäbisch-Augsburgisches Wörterbuch. München 1864

–: Volkstümliches aus Schwaben. Freiburg i. Br. 1861

Brant, Sebastian: Das Narrenschiff. Basel 1494

Cynosura oeconomiae ecclesiaticae Würtembergicae. Verfaßt von Johann Valentin Andreae. Stuttgart 1687

Endriß, Julius: Die Ulmer Kirchenvisitationen des 17. und 18. Jahrhunderts. Ulm 1938

Fischer, Hermann: Schwäbisches Wörterbuch. 6 Bde. Tübingen 1904 ff.

Fleischhauer, Werner: Barock im Herzogtum Württemberg. Stuttgart 1958
Griesinger, Carl Theodor: Humoristische Bilder aus Schwaben. Stuttgart 1844
Griesinger Carl Theodor: Universallexicon von Württemberg. Stuttgart 1841
Heckel, August: Geschichte der Stadt Langenau. Langenau 1964
Hottenroth, Friedrich: Deutsche Volkstrachten. 3 Bde. Frankfurt a. M. 1898–1902
Köhler, Friedrich August: Eine Alb-Reise im Jahr 1790. Hrsg. von E. Frahm, W. Kaschuba und C. Lipp. Tübingen 1978
Köhler, Friedrich August: Nehren. Eine Dorfchronik der Spätaufklärung. Hrsg. von E. Frahm, W. Kaschuba und C. Lipp. Tübingen 1981
Das Königreich Württemberg. Eine Beschreibung von Land, Volk und Staat. Hrsg. vom Königlich Statistisch-Topographischen Bureau. Stuttgart 1863
Münster, Sebastian: Cosmographia, das ist: Beschreibung der gantzen Welt. Basel 1628
Reyscher, August Ludwig (Hrsg.): Vollständige, historisch und kritisch bearbeitete Sammlung der württembergischen Gesetze. 19 Bde. Tübingen 1828–1851
Schmid, Johann Christoph von: Schwäbisches Wörterbuch. Stuttgart 1831
Spittler, Ludwig Timotheus von: Freymüthige Betrachtungen über die Geschichte Wirtembergs unter der Regierung der Grafen und Herzoge. Frankfurt, Leipzig 1783
Thierer, Georg: Ortsgeschichte von Gussenstadt auf der Schwäbischen Alb. 2 Bde. Stuttgart 1912 und 1916
Weitnauer, Alfred: Tracht und Gwand im Schwabenland. I. Teil. Kempten 1957
Württembergisches Landrecht. Ausgabe 1616

Bildnachweis

1 Württembergisches Landesmuseum Stuttgart. Stammbuchblatt eines Tübinger Studenten, Inv.-Nr. 138

2 Gemeindearchiv Laichingen, Ortsteil Machtolsheim. Titelseite des Steuerbuchs von 1746. Foto: T. Uhland-Clauss

3 M. Merian: Topographia Sueviae. Franckfurt am Mayn 1643. Ansicht Brackenheim

4 Ebd. Ansicht Balingen

5 Württembergisches Landesmuseum Stuttgart. Tübinger Stammbuch des Prinzen Johann Wilhelm von Sachsen. Inv.-Nr. 1936/181

6 Louis Rachel: Illustrierter Atlas des Königreichs Württemberg. Stuttgart 1891

7 Votivtafel in der Friedhofskapelle von Veringenstadt. Foto: T. Uhland-Clauss

8 Herzoglich-Württembergisch-privilegirter Bauren-Kalender auf das Jahr nach der Geburt Christi 1772. Stuttgard. (Titelblatt)

9 Ilse Lösch: So war es Sitte in der Renaissance. Hanau/M. 1965

10 Jost Amman: Im Frauwenzimmer wirt vermeldt von allerley schönen Kleidungen und Trachten der Weiber . . . Franckfurt am Mayn 1586

11 Württembergisches Landesmuseum Stuttgart. Tübinger Stammbuch des Prinzen Johann Wilhelm von Sachsen. Inv.-Nr. 1936/182

12 Württembergisches Landesmuseum Stuttgart. Inv.-Nr. 1967/157. Foto: T. Uhland-Clauss

13 Württembergisches Landesmuseum Stuttgart. Inv.-Nr. 1954/285. Foto: T. Uhland-Clauss

14 Foto Privatbesitz

15 Württembergische Landesstelle für Volkskunde, Stuttgart. Nachlaß Theodor Lauxmann, C/22

16–17 Foto Privatbesitz

18 Württembergisches Landesmuseum Stuttgart. Inv.-Nr. 1951/65. Foto: T. Uhland-Clauss

19–20 Foto Privatbesitz

21 Württembergisches Landesmuseum Stuttgart. Inv.-Nr. 1951/51. Foto: T. Uhland-Clauss

22 Städtisches Museum Ludwigsburg, Inv.-Nr. 4333

23 Städtisches Museum Ludwigsburg, Inv.-Nr. 2142. Ausschnitt aus Aquarell (wohl von Carl Roscher)

24 Württembergische Staatsgalerie Stuttgart. Gouache von Johann Baptist Pflug »Neuwürttembergischer Fallehenbauer und altwürttembergischer Grundbesitzer«

25 Königlich Württembergischer Kalender für 1838. Reutlingen

26 Stadtarchiv Ulm, Bestand Neg. 6-44-81 »Ansicht des Wirthshauses von Ettlenschieß«

27–28 Foto Privatbesitz

29 Heimatmuseum Laichingen

30–32 Foto Privatbesitz

33 Württembergische Landesstelle für Volkskunde. Nachlaß Theodor Lauxmann, C/22

34–37 Foto Privatbesitz

38 Wirtembergischer Hof-Calender für das Jahr 1789. Stuttgart

39–42 Foto Privatbesitz

Albert Schöchle

Das Schlitzohr

Bekenntnisse eines leidenschaftlichen Gärtners und Tierfreundes. 265 S., mit 20 Tafeln. Leinen mit farbigem Schutzumschlag. Der unbequeme Beamte Albert Schöchle erzählt seine schlitzohrigen Streiche als Lausbub und als Direktor der Wilhelma und Initiator des »Blühenden Barock« in Ludwigsburg.

Michel Eberhardt

Adam ond Eva em Paradies

Hrsg. von Martin Blümcke. 225 S., mit dok. Fotos. Leinen. Wortgewandt und treffsicher in seinem Rieser Dialekt hat Michel Eberhardt das ländliche Leben ohne jedes falsche Gefühl geschildert.

Erika Dillmann

Von der Donau zum See

Ein oberschwäbisches Skizzenbuch mit Zeichnungen von Hagen Binder. 150 S., mit 41 Zeichnungen und 6 Faksimiles. Bibliophiler Pappband. Oberschwaben von der Donau zum See – einmal ganz anders, weder im Stil eines minutiösen Kunst- und Reiseführers, noch einer nüchternen Landschaftsbeschreibung, noch eines Bildbandes oder Ferienkataloges.

Gustav Rottacker

Arbeit ist ein großer Segen

Serenissimus Carl Eugen – ein hohes Consistorium und der schwäbische Dorfpfarrer Friderich Wilhelm Kohler. 232 S., mit 12 Abb. Leinen. Ein schwäbisches Dorf und seine sozialen Verhältnisse, nebst allerlei Menschlichem und Allzumenschlichem, im Widerstreit zwischen Untertanen, weltlicher und kirchlicher Bürokratie und dem Herzog.

Hans O. Stroheker / Günther Willmann

Cannstatter Volksfest

Das schwäbische Landesfest im Wandel der Zeiten. 330 S., mit 66 teils farbigen Tafeln. Leinen. Mit farbigem Schutzumschlag. ». . . Es ist, nimmt man alles in allem, ein Buch landeshauptstädtischer Kulturgeschichte daraus geworden, das zu lesen wahrlich nicht nur für Volksfestfreunde anregend und genußvoll ist . . .« Südwestpresse.

Konrad Theiss Verlag